我国新能源汽车产业风险识别与评价研究

WOGUO XINNENGYUAN QICHE CHANYE FENGXIAN SHIBIE YU PINGJIA YANJIU

林金枫◎著

2016 年度黑龙江省社会科学学术著作出版资助项目

2016NIANDU HEILONGJIANGSHENG SHEHUI KEXUE XUESHU ZHUZUO CHUBAN ZIZHU XIANGMU

HEUP 哈尔滨工程大学出版社

内 容 简 介

新能源汽车产业是具有高投入、高风险性质的战略性新兴产业，如果发展过程中出现方向性错误或失败，对我国汽车产业乃至整体国民经济都将产生巨大的影响。本书以我国新能源汽车产业风险为研究对象，从风险识别与评价的角度进行了深入的研究。

本书可作为从事汽车行业的企业界人士、政府及相关政策研究人员，高等院校等开展技术未来分析、产业风险研究人员的参考用书。

图书在版编目(CIP)数据

我国新能源汽车产业风险识别与评价研究/林金枫著. —哈尔滨:哈尔滨工程大学出版社,2016.11

ISBN 978-7-5661-1386-3

Ⅰ.①我… Ⅱ.①林… Ⅲ.①新能源-汽车工业-风险管理-研究-中国 Ⅳ.①F426.471

中国版本图书馆 CIP 数据核字(2016)第 258309 号

选题策划 龚 晨
责任编辑 张忠远
封面设计 恒润设计

出版发行 哈尔滨工程大学出版社
社　　址 哈尔滨市南岗区东大直街 124 号
邮政编码 150001
发行电话 0451-82519328
传　　真 0451-82519699
经　　销 新华书店
印　　刷 哈尔滨市石桥印务有限公司
开　　本 787mm×960mm 1/16
印　　张 11.5
字　　数 240 千字
版　　次 2016 年 11 月第 1 版
印　　次 2016 年 11 月第 1 次印刷
定　　价 30.00 元
http://www.hrbeupress.com
E-mail:heupress@hrbeu.edu.cn

前　　言

随着科技的发展，社会的进步，人们生活的水平和条件得到了不断地改善与提高，但与此同时，由于人们对环境的过度破坏，也带来了资源枯竭、环境污染等一系列问题，并引起了世界各国的普遍关注。各国已普遍认识到，要实现自然、环境、社会的和谐统一，必须大力发展新能源产业。

近年来，伴随经济总量的迅速扩张，我国石油消费总量逐年增大，而汽车又是石油消费的主力军。自2009年开始，我国汽车产销连年位居世界第一。随着我国汽车保有量的不断增加，市场需求与能源环境约束之间的矛盾越来越突出。由于发展新能源汽车是解决环境污染和能耗问题的根本性措施，因此新能源汽车的发展势在必行，国家也出台了一系列政策，并把新能源汽车产业确立为我国七大战略性新兴产业之一。2012年，国务院颁布的《"十二五"国家战略新兴产业发展规划》强调，到2020年，力争使新能源汽车产业成为国民经济的先导产业。新能源汽车产业是具有高投入、高风险性质的战略性新兴产业，如果发展过程中出现方向性错误或失败，那么对我国汽车产业乃至整体国民经济都会产生巨大的影响，因而客观上需要结合我国新能源汽车产业发展实际，对我国新能源汽车产业风险进行研究，及时识别产业发展过程的风险，并对风险进行评价，确定重点关注的风险领域和风险控制的优先顺序，减少产业发展的不确定性，从而为企业、行业和政策制定部门提供支持，促进新能源汽车产业健康发展。

本书首先对我国未来石油消费量及汽车保有量进行了预测，并对新能源汽车产业发展的现状及问题进行了分析。通过预测，用未来石油消费量和汽车保有量两项重要的数据进一步验证我国发展新能源汽车产业的迫切性；通过现状与问题分析，说明我国发展新能源汽车产业的紧迫性；分析了新能源汽车产业的特征，对新能源汽车产业风险的含义进行了界定。在此基础上，本书分别从内生性和外生性两个方面对新能源汽车产业风险形成机理进行了分析；在探究我国新能源汽车产业所呈现的风险特征的基础上，通过上述分析和根据对以往学者研究成果的梳理，总结出新能源汽车产业风险识别与评价的难点及现有方法的局限性，给出我国新能源汽车产业风险的评价目标，界定了研究问题的范围，构建了我国新能源汽车产业风险识别与评价研究框架；从风险源的角度对我国新能源汽车产业风险进行了识别，具体是通过运用多重共线性方法对新能源汽车产业风险指标进行了筛选，建立了风险评价指标体系，识别出关键的风险源，并对风险指标内涵进行了分析；同时，考虑到识别产业风险如果仅是孤立的分析各风险因素，显然不能全面说明产业风险这一现实问题，本书运用 FIR 分析模型（Factor - Interaction - Risk Model，因素 - 交互行为 - 风险），通过因素间的交互关系识别风险，以获得新能源汽车产业风险的立体图景。本书采用了情景分析方法和模糊综合评价等方法，对我国新能源汽车产业风险进行识别和风险等级的评价。情景分析重点是从发展的角度识别产业风险，具体过程是：通过制定和发放调查问卷，将众多利益相关者的意见进行收集，挖掘关键风险要素并进行分析，由此确定不确定轴面；依据不确定轴面开发未来风险情景，对未来风险情景进行描述，构建出我国新能源汽车产业未来可能的几种风险情景。在对风险要素和可能的风险情景识别的基础上，本书结合我国新能源汽车产业风险的特点，综合运用风险矩阵、群组决策特征根和模糊综合评价的方法，对我国新能源汽车产业风险进行评价，确定风险等级。在本书的最后部分，针对风险识别与评价的结论，给出了我国新能源汽车产业风险控制的对策与建议。

著　者

2016 年 4 月

目　　录

第一章 绪　　论

第一节　研究背景、目的及意义

一、研究背景

随着科技的发展，社会的进步，人们生活的水平和条件得到了不断的改善与提高，但与此同时，由于人们对环境的过度掠夺，也带来了资源枯竭、环境污染等一系列问题，并引起了世界各国的普遍关注。各国已普遍认识到，要实现自然、环境、社会的和谐统一，必须大力发展新能源产业。目前，欧盟、日本、美国等发达国家纷纷将新能源产业作为抢占国际市场未来竞争的制高点。近年来，伴随经济总量的迅速扩张，我国石油消费总量逐年增大，而汽车又是石油消费的主力军。自 2009 年开始，我国汽车产销量连年位居世界第一。按照相关学者的研究及根据国家发改委能源研究所所作的预测，我国每年交通对石油的消费量占总消费量的一半以上，这也必将进一步加剧日益凸显的碳排放和环境问题，增大我国实现碳减排目标的难度。在此背景下，加快发展新能源汽车产业就成为破解上述困境的必然抉择。

国务院 2010 年 9 月 8 日召开国务院常务会议，审议并原则通过《国务院关于加快培育和发展战略性新兴产业的决定》，会议将新能源汽车确定为七大战略性新兴产业之一。新能源汽车是全球汽车行业升级转型的方向，我国要在未来形成具有世界竞争力的汽车工业体系，必须超前部署新能源汽车的研发和产业化，通过各种途径，着力突破产业相关领域关键核心技术，加速形成知识产权，推进新能源汽车推广应用和产业化。国家也出台了一系列的发展规划和具体政策，用于促进和鼓励发展新能源汽车产业。2012 年，国务院颁布的《“十二五”国家战略新兴产业发展规划》强调，到 2020 年，力争使新能源汽车产业成为国民经济的先导产业。新一届中央领导同样高度重视发展新能源汽车产业。2014 年 1 月，国务院总理李克强到西安比亚迪汽车有限公司调研纯电动汽车和研发情况。2014 年 5 月 24 日，国家主席习近平在上海汽车集团考察时强调，“发展新能源汽车是我国从汽车大国迈向汽车强国的必由之路，要加大研发力度，认真研究市场，用好用活政策，开发适应各种需求的产品，使之成为一个强劲的增长点”。2014 年 7 月，国务院办公厅发布

《关于加快新能源汽车推广应用的指导意见》，部署进一步加快新能源汽车推广应用。《关于加快新能源汽车推广应用的指导意见》从总体要求、充电设施建设、积极引导企业创新商业模式、推动公共服务领域推广应用、进一步完善政策体系、坚决破除地方保护、加快创新能力建设、进一步加强组织领导等八个方面提出三十条具体政策措施，促进新能源汽车产业转型升级。

从战略新兴产业的特点来看，新能源汽车产业所依托新兴技术仍处于研发、推广阶段，具有高度不确定性，尤其是关键技术掌握情况或获取面临的不确定性，以及技术方向选取的失误都会导致战略时序上的延误或失败，同时，支撑新能源汽车产业的技术往往是需要一个完备的技术群。技术群的构成，群内技术的关系，成长的协调性都会带来不确定性，从而影响产业的未来成败。

从市场的角度看，由于新能源汽车作为战略性新兴产业，处于产业的形成期，因此新产品从设计、生产、销售以及外在环境都具有高度不确定性。如果市场导入时机选择失误或市场成长缓慢、竞争力没有及时形成或减退削弱，就有可能面临失败。

从产业安全角度看，新能源汽车产业代表了未来科技和生活方式的发展方向，各国所确定的战略性产业内容具有高度的相似性，这使得产业本身就是一个全球高度竞争的未来产业。如果一国的战略新兴产业的发展具有高度的外在不确定性，那么在技术、品牌、市场等方面，就会在国际竞争中受控制，失去成长的机会。

从政策层面看，战略性新兴产业这一概念是由我国提出的，它一出现就带有一定的政策性和计划色彩，这与市场机制可能会产生冲突，进而给产业发展带来不确定性；国家及各级地方政府都把发展新能源汽车产业放在重要的位置，并进行了一系列的规划部署，制定相关鼓励政策促进产业发展，由此也引致盲目发展、重复建设等一系列严重问题，这都会对产业的发展带来冲击，带来不确定性。

二、研究目的

通过本书的研究，分析影响我国新能源汽车产业发展的风险源，运用 FIR 分析模型；采用情景分析法和模糊综合评价等方法，对我国新能源汽车产业风险进行识别和风险等级评价；在对风险要素和可能的风险情景识别的基础上，提出我国新能源汽车产业风险控制的对策，为我国新能源汽车产业风险管理提供科学的方法和实现的路径，为降低我国新能源汽车产业风险、实现产业可持续发展提供科学的参考。

三、研究意义

新能源汽车产业是具有高投入，高风险性质的战略性新兴产业，如果发展过程中出现方向性错误或失败，对我国汽车产业乃至整体国民经济都将会产生巨大的影响，因而客观上需要结合我国新能源汽车产业发展实际，对我国新能源汽车产业风险进行研究，通过丰富的相关理论研究，尤其是关于战略性新兴产业风险方面的研究，从而为企业、行业和政策制定部门提供支持，所以，开展此项研究具有重要的理论与实践意义。

（一）理论意义

新能源汽车属于战略性新兴产业，目前，国内外在战略性新兴产业风险管理领域所开展的研究并不多，能够针对我国新能源汽车产业的特点，并全面系统地对新能源汽车产业风险所进行的研究更为少见。国外可供借鉴的研究一方面缺乏针对性，另一方面，在脱离了我国实际背景的情况下，借鉴意义也会大打折扣。开展此项研究，一方面丰富了我国战略性新兴产业风险管理理论，同时也充实了产业安全相关理论。

（二）实践意义

在国家大力发展战略性新兴产业的政策指引下，众多的企业投身于新能源汽车领域，谋取企业长远发展，同时也助推了我国传统汽车产业的转型升级进程，地方政府也都紧抓机遇，结合自身优势与特色，制定相关扶持政策。在这样的大背景下，产业各个层级参与主体都会面临风险问题，通过本研究，能够为企业、行业和政策制定部门提供支持，对实践活动给予一定指导与借鉴，具有重要的现实意义。

第二节 国内外研究现状及评述

一、国外研究现状

新能源汽车属于战略性新兴产业，由于战略性新兴产业是2008年从我国出现的概念，先前的研究主要是集中在相近的新兴技术、新兴产业，或高新技术、高新技术产业等研究领域。国外研究中用新兴技术（Emerging technology）作为关键词可以搜索到一些相关的文献，而且文献主要集中在医疗、食品、环境变化、信息技术、生物等领域，如纳米技术、转基因技术、水污染、气候变化等。在Science Direct中以"alternative fuel vehicle"作为主题词搜索，可搜索到40 000多篇文章。图1.1显示的是文献数量随年份的变化情况，从图中可以看出，国外研究新能源汽车的文献呈逐年上升趋势，尤其是最近5年上升速度明显加快。

图1.2显示的是数量排前18位的主题词数量情况，表1.1则显示了文献数量排在前20位的期刊情况。从主要的主题词和期刊来看，国外关于新能源汽车的研究主要集中在新能源汽车的引入对于能源消费、环境及温室气体排放的影响，消费者对新能源汽车的接受度、新能源汽车全寿命分析、新能源汽车相关法案、政策效应分析等方面。尤其值得注意的是，"中国"是前6个数量最多的主题词之一，这说

明中国的新能源汽车产业在国际学术界受关注度较高。而无论从关键词还是具体的文献来看,关于新能源汽车产业风险研究的文献则很少。

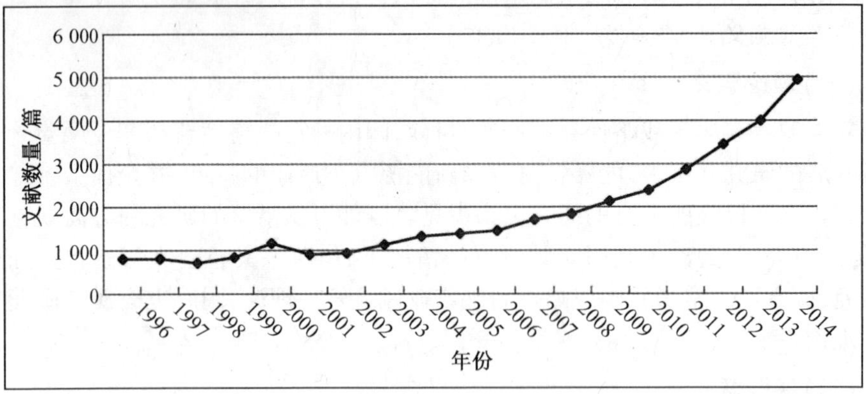

图 1.1　文献数量随年份的变化情况

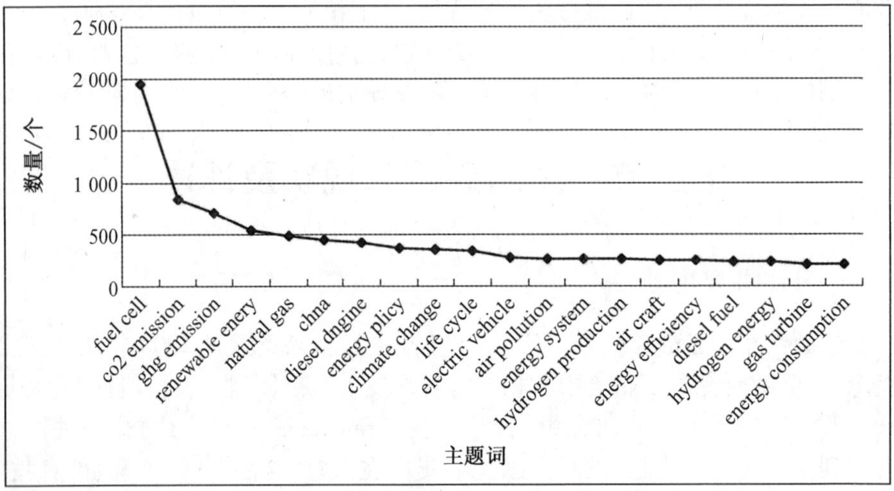

图 1.2　各主题词数量情况

表 1.1　文献数量排在前 20 位的期刊情况

序号	期刊名称	文献数量/篇
1	Fuel and Energy Abstracts	2 668
2	International Journal of Hydrogen Energy	1 919
3	Energy Policy	1 910

表 1.1(续)

序号	期刊名称	文献数量/篇
4	Journal of Power Sources	1 098
5	Renewable and Sustainable Energy Reviews	904
6	Energy	875
7	Applied Energy	719
8	Atmospheric Environment	705
9	Journal of Cleaner Production	585
10	Fuel	556
11	Transportation Research Part A：Policy and Practice	467
12	Fuel Cells Bulletin	428
13	Energy Conversion and Management	415
14	Acta Astronautica	397
15	Transportation Research Part D：Transport and Environment	390
16	Transport Policy	380
17	Biomass and Bioenergy	351
18	Science of The Total Environment	337
19	Technological Forecasting and Social Change	336
20	Energy Economics	309

在我国，新能源汽车属于战略性新兴产业，由于战略性新兴产业是我国最先提出的概念，国外很难找到与战略性新兴产业完全匹配的关键词，但与此相关或相近的研究对本书的研究一样具有重要的意义，如新兴技术相关研究、新兴技术社会效应研究、新兴产业风险、工业企业风险分析方法、技术未来分析方法、技术成熟度与风险评估方法、国际技术转移风险管理等，所以在本书的国外研究现状中也会对上述内容进行介绍。

（一）新兴技术和新兴产业的内涵研究

美国宾州大学沃顿商学院的 S. D. George 和 P. J. H. Schoemaker 在 1994 年就开展了对新兴技术的研究。他们的研究团队于 2000 年出版了研究新兴技术的第一本综合性文献《沃顿论新兴技术管理》，即 *Wharton on Managing Emerging Technologies*。该书对新兴技术的内涵进行了介绍：新兴技术是建立在科学基础上的革新，这些技术有潜力去创造一个新行业或改造一个老行业，包括产生于激进革新的间断性技术以及通过集中多个过去的独立研究成果而形成的更具创新性的技术。每一项新兴技术都能够提供丰富的市场机会,从而刺激风险投资。新兴技术的特点包括:

(1)知识基础在扩展;

(2)在现有市场中的应用经历着革新;

(3)新市场正在形成和发展。

罗德·哈维尔则将新兴技术定义为还没有被商业化,但是极有可能被商业化,而且对于大部分终端用户来讲,花在购买新兴技术产品上的钱是“有效花费”的技术;或者是已经被商业化,但是目前还没有渗透超过2%的目标市场的技术。

Day认为新兴技术则指“建立在科学基础上的,可能创立一个新行业或改变某个老行业的创新”。

S. G. Blank认为新兴产业是充满未知性的产业,通常由一个新的产品或创意所形成,处于发展的早期阶段,存在大量的不确定性,如对产品的需求、潜在的增长潜力以及市场条件都不确定,而且没有原有的轨迹可循。

V. Claude - Gaudillat认为新兴产业的界定要符合四条标准:

(1)与突破性创新相关联;

(2)创新需要发展的核心能力;

(3)对应于产业生命周期的前期;

(4)具有高不确定性的特征。

Shen Yung Chi等提出了一种利用模糊德尔菲法、层次分析法、专利共引分析法相组合进行新兴技术选择的模型。其中,模糊德尔菲法能够有效地集合专家的意见,获得技术选择准则;层次分析法具有很强的准则识别能力,并能获得准则间的关系和权重;专利共引分析法则能通过专利数据库发现特定技术的关键研发领域。

尼克认为新兴产业是相对于已有产业来说的,或者相对于旧产业来说的。新兴产业处于产业生命周期中的萌芽期与成长期段。比如新能源产业,新能源汽车产业,这是从时间的角度,或者说从产业生命周期的角度来分析新兴产业。

Gerhard Schiefer等从公共管理部门的角度来研究如何使新兴技术转化为新兴产业,认为从新兴技术到新兴产业的过渡阶段是一个复杂的过程,这个过程中的核心任务是利用已有的知识条件塑造产业演化的模式,实现商业化。商业化是把技术成果与潜在的、动态的市场机遇相连接的过程,在将新兴技术过渡到新兴产业的过程中起到了非常重要的作用;并从公共管理部门的角度提出三个重要机制来刺激新兴技术产业化,鼓励商业化过程之间的合作,在创新系统中培养企业家地位和主动冒险精神,支持商业化和新公司产生。

Forbes和Kirsch认为在研究新兴产业时,应当关注新兴产业演化的早期阶段,包括技术创新、企业如何进行创新和新兴技术的驱动力作用。

从国外文献对新兴技术内涵的界定来看,主要是围绕新兴性、商业化、创立新产业或革新已有产业的角度展开。而对于新兴产业则强调处于产业生命周期前段,具有不确定性以及组织与技术创新和新兴产业的关系等。

(二)新兴产业风险和技术未来分析相关研究

鉴于技术在战略性新兴产业发展中的重要地位,关键技术的识别、技术的发展趋势、发展方向等对战略性新兴产业风险研究具有重要意义,本部分除了介绍与战略性新兴产业风险相关的研究以外,也对技术未来分析相关研究进行介绍。

根据 The Research Council of Norway 对产业风险(industry risk)内涵的诠释,所谓产业风险是指对于产品设计、生产、销售以及外在环境的不确定。

J. C. Mankins 针对运用新兴技术的系统提出了一种技术成熟度与风险估计的全新方法,并且认为理想的技术成熟度或风险评估方法应该包含以下几个特征:明确性,即评价过程要有清晰的决策准则;透明性,即评价过程要正式,并具有达成共识的基础;及时性,由于评价决策是高层管理者的职责所在,所以评价决策要及时而且对于年度研发和项目预算计划要求起关键作用;利于所实施项目主旨推进。J. C. Mankins 介绍的方法是通过引入优度将技术成熟度与风险评估相整合,其中的优度包括技术成熟度、研发难度和技术重要度等,对每一种优度值进行了赋值量化,并对量化标度进行说明。三种优度的整合构成了风险矩阵,矩阵中失败的可能性用研发难度度量,研发失败造成的结果用技术差距乘以技术重要度衡量。J. C. Mankins 还将研发项目不同阶段关键性能参数、技术成熟度和风险矩阵的动态协同变化进行了分析。

Saritas 尝试性地给出了面向未来技术分析方法的系统框架。该框架分析流程是:①明确问题;②合成与建模;③分析与选择;④可视化转换;⑤行动。该框架中的分析与选择部分对风险分析进行了阐述。

Tixier 等提出了 62 种工业企业风险分析方法。

Raija Koivisto 等提出了一种未来导向技术分析和风险评估方法相整合的观点。该文献列举了风险分析、风险评估和风险管理的关系(见图 1.3),对未来技术分析和风险估计的特点、实施步骤、采用的方法以及未来发展展望等进行了总结和比较(见表 1.2)。

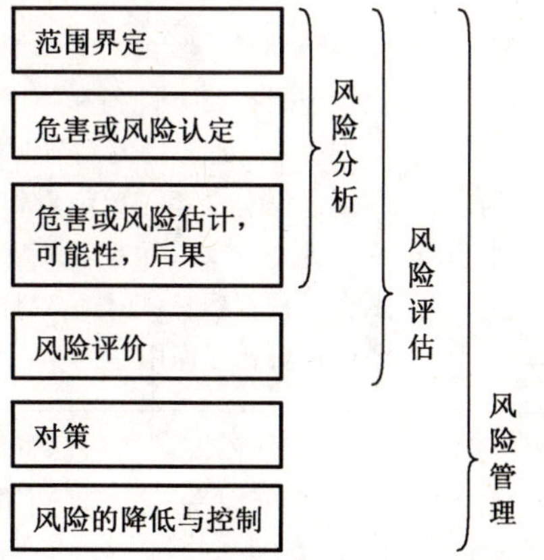

图 1.3　风险分析、风险评估和风险管理

表 1.2 风险评估与未来技术分析主要特性、异同点和未来展望

	风险评估(聚焦于产业安全)	未来技术分析
目的	①识别和估计现在与未来风险(风险由工业系统或操作中的失效、偏差、故障或错误引起); ②创造并管理风险知识,帮助企业决策	①识别与社会技术经济系统广泛相关的未来的发展趋势、驱动力、新兴技术、壁垒、机会及威胁; ②管理知识以便用于决策
结果	形成上述所识别、估计和分类的风险的报告:风险 $=f$(可能性,后果),最大的风险要尽量优先处理	展望和提出未来的发展趋势、结果形式,包括情景、构建、路线图、行动建议
时间范围	0~5 年	5~50 年
实施阶段划分	范围界定,风险识别,风险估计(可能性,后果),风险评价	前预见阶段,搜集阶段,构建阶段
采用标准	BS 8800, OHSAS 18001, ISO guides,IEC standards	尚无标准,处于创新 I 开放阶段
运用方法	①危害和可操作性研究; ②潜在问题分析; ③索引法,表征法; ④环境风险分析; ⑤总计超过 60 种已报告的风险分析方法	①德尔菲法,SWOT 分析法,标杆法,专家小组法(新知识创造); ②技术路线图、回溯法、情景分析法(未来情景); ③建构性技术评估,发散性技术评估,共识会议,头脑风暴,专家研讨与座谈
方法的发展和未来展望	①与固有安全设备和弹性工程等方法来处理工序的复杂性相似; ②过程安全不再单纯看作是分块研究的结果,而是一个复杂的社会-技术系统,且与所处环境和整个社会相互作用	①焦点从实证主义和理性主义的、以技术为核心的方法,转向更加宽泛的、涵盖环境、社会与经济的整个创新过程; ②从定势的建模和管理转向依条件变化和有多方参与的方法

M. V. Cannice 等以美国在亚洲的高技术公司为例,研究了国际技术转移风险的管理。该研究发现,一些公司以保护技术竞争能力的名义宁愿完全自主经营,但实际上这样并不能总是也不足以保护技术竞争优势,有些公司通过视自己的技术为一个系统,转移的也不过是次要的或依赖性技术,以此降低转移风险。

A. G. Homa 等研究认为,在进行风险管理时,当透明的决策程序代替了专家主

导的风险管理策略，风险管理就要求利益相关者和大众的积极参与。

Su Yu－Shan，Hung Ling－Chun 基于生命周期，对自发形成和政策驱动型生物技术产业集群进行对比，并以美国湾区和中国上海张江高技术园区作为实例进行比较研究。该研究通过进化的视角来比较两种产业集群发展模式弥补了该研究领域的空白。研究认为，两种模式成功的共同关键要素是人力和资本，而区别则是在于背后的这些资源的创造与分享的过程，而最本质的区别则来源于集群形成过程中企业家精神、社会资本和集群网络模式的影响。该研究对于对比分析不同驱动模式下战略性新兴产业集群各要素作用差异以及进而分析风险产生的差异具有很好的借鉴价值。

Li Yung－Ta 等以专利的视角，对集成设备制造商技术焦点的定位与转移进行了研究，文章以专利视角考察了集成设备制造商从 1981 到 2010 年技术焦点以及产量、质量、集成尺寸等考察焦点的转移情况。研究结果显示，像 AMD 这样的公司，已经从一个集成设备制造商转变成一个完全的代工公司。该研究的专利分析方法，可以用于分析战略性新兴产业技术焦点的定位与转移情况，以及相关企业的相应战略举措，从而识别产业技术因非主流或面临竞争而产生技术替代的风险。

Lee Changyong 等针对传统专利引用分析，只是通过简单的引用数量分析，不能反映技术未来影响的动态性及特质层面，提出一种随机专利引用分析的方法，该方法通过将未来的引用数作为一个代理来评估未来某一时间段技术的影响。这种面向未来的动态的专利分析方法，更能符合战略性新兴产业进行风险分析与评价的要求。

H. K. Jonathan 和 B. C. Robin 提出了一种关于如飞行器或计算机等系统的技术风险评价方法，这种风险会导致系统开发完成后不能实现预定的性能指标。该方法是将待评价系统根据功能或结构分解成不同层次的评价单元，在每个评价单元中，技术风险以及技术风险的评价方法会被识别出来。该框架提供了评价方法的选择的系统结构，而且将选用方法所获得的结果进行整合，形成一个系统连贯的整体评价。

Lee Changyong 等提出一种基于动态专利格的改进形式概念分析法（Formal Concept Analysis approach），用于分析专利间的复杂关系，监测技术变化趋势。形式概念分析是基于格理论共享属性对对象进行分组的数学方法。与其他方法相比，形式概念分析的显著优势在于从海量数据中以结构化和可视化来展现对象间的关系。为了实现对技术检测目的，对形式概念分析法进行了改进，将时间和专利关键词的变化考虑了进来。

Christoph Markmann 等基于德尔菲法，研究了多利益相关者情境下识别和评价未来供应链安全问题。该研究认为，由于涉及众多跨国界的利益相关者，他们对安全的需求和评价有着不同的认知，故全球供应链风险问题变得很特殊。正因为如此，确定哪些方法更加适合复杂的、多维组织情境下的风险评价问题变得尤为重要。德尔菲法证明是一种针对远期决策支持以及预见的很有价值的方法，而且对风险评价亦有潜在价值。作者总结了德尔菲法进行风险分析的五个优势，即能够识别和量化风险，分析利益相关者的观点，激发跨国界沟通过程，能识别微弱的信号，有利于风险情景开发。

Seth Guikema 在总结过去太空系统设计过程中市场资源再配置方法的基础上，对先前的这一方法进行了扩展，即将系统失败风险作为一个可交换的资源来看待。该方法来源于卡西尼号资源交换项目（Cassini Resource Exchange），应用该项目使得卡西尼太空团队的仪器设备开发者对项目全生命周期在他们内部进行资源交换。这种基于市场的方法设计提供了提高工程设计效率的潜力，而小规模的试用此方法是进一步检验和改进这些方法的符合逻辑的步骤。

Chen Hongyi，Wayne Wakeland，Yu Jiang 提出了运用系统动态仿真的两步法技术预测模型，并以中国信息通信产业为案例进行了应用研究。其中，第一步是用德尔菲法来识别和评价产业的关键技术，第二步是采用系统动力仿真的方法来估计关键参数值有多大可能影响预测目标的达成。在案例中，通过德尔菲法识别了中国信息产业的关键技术是 4G 无线通信技术，对该技术的扩散进行了模型仿真实验，并对不同情景下中国信息产业应该如何扩展 IP 网络基础设施以支持技术预测目标提出了若干建议。

从上述文献可以看出，国外关于战略性新兴产业风险研究的方法，具有未来导向、多方参与、多种方法综合运用等特点。

（三）新能源汽车产业政策研究

Martin Goedecke 等通过建模对泰国消费者采用新能源汽车的全寿命周期成本进行了分析，并从社会收益的角度，提出具体政策优化的建议；Sonia Yeh 通过对 8 个国家推广新能源汽车的实证分析，总结了影响新能源汽车购买的影响因素，提出了促进新能源汽车推广的政策框架；N. S. Ching - Shin 等运用结构化分析法研究了汽车厂商在汽车设计和定价时如何考虑应对“汽车企业平均燃料经济性”（CAFE）政策问题；Liu Yimin，E. H. Gloria 运用效用估价法测算了美国新型车用能源法案（Alternative Motor Fuels Act）对汽车厂商行为的影响，研究认为，由于有了美国新型车用能源法案，厂商有了应对“汽车企业平均燃料经济性”（CAFE）法案的又一可选办法，结果造成企业不愿意把更多精力投入到改善传统汽车的燃油效率上；Jung Eun Kim 对国家石油资源禀赋对新能源汽车技术创新的影响进行了实证研究，该研究选取了多个国家，结果表明，一个国家石油资源禀赋与汽车技术创新负相关，而能源的价格与新能源汽车技术和提高能源利用效率技术正相关；G. O. Eric 等通过对美国“汽车企业平均燃料经济性”（CAFE）法案、能源安全、燃油税、温室气体排放、气候变化的综合和研究，分析了引入新能源汽车后对美国能源自给和减少温室气体排放的影响。

（四）新能源汽车产业技术相关研究

M. O. Joan 等对氢、甲醇、汽油分别作为燃料电池汽车燃料进行了对比研究，以获得对汽车设计及基础设施开发的启示，如采取不同的燃料对于汽车的性能、经济性、质量、各种参数下成本的差异和燃料储存的影响；采用不同燃料对基础设施如储存装置、燃料的输送模式、充换站的建设等的不同影响，文章也从全寿命周期成本的角度分析了不同燃料间的差异；C. E. Thomas 对燃料电池和电池组电动汽车进行了比较研究，当续驶里程超过 160 km 时，燃料电池汽车无论从质量、体积、成本，还是从初级温室气体减排和燃料加注时间等方面看，都要优于电池组电动汽车；Jenn Jiang Hwang 等对轻型车燃料电池\电池组混合动力系统的技术性能进行了研究，其中的燃料电池采用了质子交换薄膜技术，电池组为锂电，两套动力系统可满足新能源汽车行驶时不同的工况需求；Michael Kuby 等考虑到燃料加注或充电便利性对新能源汽车推广的重要性，利用网络地图和相关算法开发了一套工具，用于新能源汽车寻找燃料加注站或充电桩的最短路径。

（五）新能源汽车产业市场相关研究

Jiwoon Ahn 等介绍了利用多元离散连续选择方法来预测家庭使用新能源汽车的情况，并同时运用了联合分析的方法来估计消费者对新能源汽车的认可度，以及模拟了引入新能源汽车后各类燃料汽车拥有情况的变化率。Y. Orbach，G. E. Fruchter 提出了一种预测产品销量和演化的模型，并以混合动力和电动汽车为例进行了实证。在该模型中，把新产品被消费者接受的动机归结为产品性能改进和企业对性能改进的战略，这种战略是在市场的成长和市场的认可主导下激发而来。性能提高水平对接受度的依赖关系采用产业和技术分析方法；反映性能水平变化的市场认可度和购买意愿采用联合研究（conjoint study）的方法分析。Johannes Warth 等提出了一种基于多立场方法的多利益相关者情景规划方法来分析电动汽车产业的未来。由于从传统的燃油动力汽车到电动汽车，这种社会与技术转移过程中涉及众多不同利益相关者，该研究提出了一种基于多立场条件下的情景规划方法，采用德尔菲法进行数据处理，在德国对来自 15 个不同利益相关者小组的专家进行调查，对 2030 年的多立场观点进行了映射分析。针对专家意见的高离散度问题，运用了 5 步多立场分析法，开发出了 7 种冲突意见的多利益相关者关于 2030 年电动汽车情景。Anco Hoen 等对荷兰私人购买新能源汽车选择行为进行了回归分析研究，认为影响人们选用电动汽车或燃料电池汽车最重要的因素是续航能力和充电或燃料加注时间以及方便性，此外，还包括汽车性能的持续改进，价格还要保持一个合适的区间。通过交互模型分析显示，随着消费者年行驶里程的增大，购买新能源汽车，尤其是电动汽车的意愿会随之降低。Zeinab Rezvani 等针对新能源汽车中的电动汽车市场普及率低的问题，认为造成此种现象的原因很大程度与消费者对电动汽车的认知有关。文章通过对相关文献的梳理，从消费者行为、消费者选择行为、消费倾向等角度对消费者对电动汽车的采纳进行了深入研究。

二、国内研究现状

如果在 CNKI 数据库中以“新能源汽车产业”为主体词进行搜索，截至 2014 年 11 月底，可以搜索到 6 000 多篇文献。尤其是从 2008 年以来，我国将新能源汽车产业确定为七大战略性新兴产业之一之后，相关文献数量增加很快，内容涉及范围较广，但大多数文献研究问题聚焦度差，研究的深度也不够，更多的是从概念界定、政策解读的层面分析较多，真正对产业进行系统研究的文献也较为少见。

如果在 CSSCI 数据库中以“新能源汽车”产业为主体词进行搜索，截至 2014 年 11 月底，只能搜索到 50 多篇文献，但研究内容较为深入，主要集中在新能源汽车政策与比较研究、产业技术创新、新能源汽车市场推广、消费者行为研究等。

由于国内研究新能源汽车产业风险的文献很少，且新能源汽车产业具有战略性新兴产业的一般特性，如关于新兴技术及战略性新兴产业概念、内涵研究，以及战略性新兴产业风险特征、风险类型、风险识别与评价研究等都具有现实参考价值，故本书在国内研究现状部分用一定篇幅对此进行了介绍，同时也专门对新能源汽车产业相关研究进行了集中介绍。

（一）新兴产业和战略性新兴产业概念与内涵研究

关于新兴产业，李伟娜对新兴产业的内涵进行了界定，新兴产业是处于产业生命周期的萌芽阶段与成长阶段的、依托新技术的突破或既有的技术因改进或创新而形成的，由于消费者和社会进步需求而产生的、具有地域差别和优势的产业。

高峰和唐家龙认为，从内涵看，新兴产业是产业更替过程中处于孕育期、发展初期和成长期的产业形态；从外延看，新兴产业是一个时空概念，在不同的发展阶段国家和地区有着不同的指向；从功能看，新兴产业是能够为全社会提供新的生产手段并产生广泛的关联效应，提高经济和社会整体效率的产业。

程巍和郎丽认为新兴产业具有以下特点：一是不确定性，二是一致性，三是相对优势性，四是风险性。

陈玲和谢碧辉总结了新兴产业具有的四个主要特征，分别是良好的成长性，很强的创新性，新型的产品、工艺、技术以及需求和先进性。《国务院关于加快培育和发展战略性新兴产业的决定》对战略性新兴产业的基本概念进行了界定，即“以重大技术突破和重大发展需求为基础，对经济社会全局和长远发展具有重大引领带动作用，知识技术密集、物质资源消耗少、成长潜力大、综合效益好的产业。”基于此权威解释，国内学者也分别从各个层面给出了自己的理解。

牛立超认为战略性新兴产业是指关系到国民经济社会发展和产业结构优化升级，具有全局性、长远性、导向性和动态性等四大特征的新兴产业。

关于战略性新兴产业的特征，刘嘉宁总结出战略性新兴产业具有战略性、关联性、成长性、创新性、风险性和导向性等特征。要成为战略性新兴产业必须包含三个特征：一是能够迅速有效地吸收创新成果，并获得与新技术相关的新的生产函数；二是具有巨大的市场潜力，渴望获得持续的高速增长；三是同其他产业的关联系数较大，能够带动相关产业发展。

张红梅和楚德江认为战略性新兴产业具有技术创新性、广阔市场性、广泛联动性、风险不定性、比较优势性、区域协作性等特征。

李玮玮、盛巧燕和吴优从行业特点的角度，认为战略性新兴产业是基于新能源、新材料、节能环保、生物医药、信息网络和高端制造而发展起来的新兴产业，主要包括可再生能源技术、清洁煤技术以及核能技术、新能源汽车；物联网、信息网络产业；微电子与光电子材料和器件、高性能结构材料、纳米技术和材料；由生命科学推动的农业和医药产业发展，如新药物研发和先进医疗设备制造；空间、海洋和地球深部探索技术等。战略性新兴产业的发展对国民经济的发展具有极大的带动作用，而且其附加值高、能源原材料消耗少、有广泛的和潜在的市场需求。

林学军认为，对本国本地区有重大、长远影响，并且能够带动其经济发展的新兴产业才是战略性新兴产业。

霍国庆认为，战略性新兴产业的本质特征主要包括全球性、创新性和成长性。

（二）产业风险以及战略性新兴产业风险内涵与特征研究

关于产业风险研究方面，余佳认为产业风险是在全球化市场竞争环境中，产业发展由于技术、市场、政策等因素影响遭受损失、伤害、不利或毁灭的可能性。吕永刚运用产业风险理论，分析了当前中国新兴产业成长风险的主要表现，包括主导技术不成熟、市场风险不确定、低端产能与虚假产能双过剩、产业价值链低端以及政府干预失当风险。李玮玮等认为，战略性、新兴性和新技术性三个特性累加在一起，导致战略性新兴产业价值的客观复杂性和内在丰富性，使其未来发展具有极大的不确定性，其中从技术角度表现在技术尚未成熟导致技术产品的适应性、先进性、可行性和可靠性具有很大的不确定性。冯飞认为，战略性新兴产业许多领域最大的特点是技术的不确定性，很多技术不够成熟，一种技术可能很快被另一种技术所代替，且往往具有颠覆性。时杰总结了国有企业培育和发展战略性新兴产业时会面临的七大风险，即供应链风险、市场需求风险、进入者风险、技术替代风险、内部竞争风险、政策风险和资本风险。

邹辉霞和杨春杰运用定性分析方法将高新技术向战略性新兴产业转化的过程划分为四个阶段，研究了各阶段的主要影响因素。研究结果表明：在高新技术向战略性新兴产业转化的四个阶段中，依次存在的主要风险为技术风险、资金风险、资源调动风险和市场风险；由于各阶段的主要影响因素不同，因此每种风险的分布规律也不同。对高新技术向战略性新兴产业转化过程中的风险进行了研究。从高新技术向战略性新兴产业转化各阶段面临的主要影响因素，如图 1.4 所示。

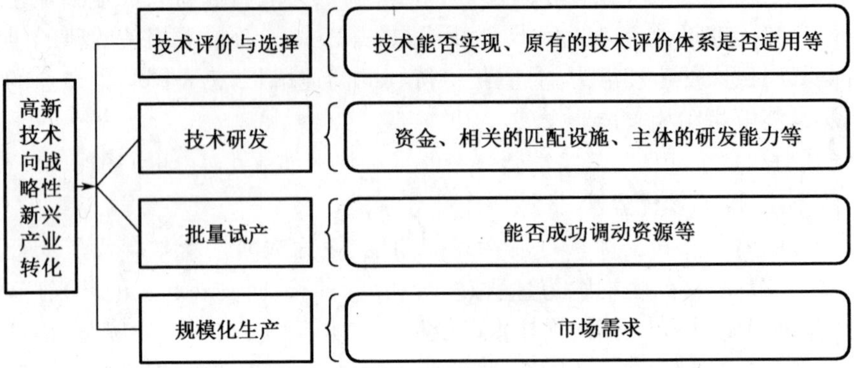

图 1.4　从高新技术向战略性新兴产业转化各阶段面临的主要影响因素

（三）新能源汽车产业政策相关研究

孔德洋对新能源汽车发展的政府激励性规制进行了研究。曾耀明和史忠良对中外新能源汽车产业政策进行了对比分析。陈柳钦通过大的时间断面对美国新能源汽车发展政策走向进行了梳理。

李茜介绍了日本下一代汽车战略和所规划的车用电池、资源、基础设施、国际标准化等发展目标及行动路线图。刘志伟对日本、美国和欧盟等主要发达国家新能源汽车产业的相关能源政策、法律法规体系、技术研发推广及政府政策支持方式等方面的扶持措施进行分析，从中吸取有益措施，并针对我国新能源汽车产业现有的不足提出建议。

马春梅对美、日、欧等国政府出台的一系列促进新能源汽车产业发展的政策措施进行了梳理，在对我国新能源汽车产业发展现状、存在问题总结分析基础之上，有针对性地提出了我国发展新能源汽车产业的政策建议。

刘兰剑和宋发苗运用柳卸林的创新政策分析框架，在梳理我国各个时期出台新能源汽车创新政策的基础上，对比分析了国内外相关政策，发现新能源汽车创新政策存在着三同三不同，提出了我国的新能源汽车技术创新政策战略性调整思路。

康凯、王军雷和杨凯在介绍我国能源、汽车、新能源汽车产业发展状况基础上，对我国新能源汽车产业政策进行了梳理，并对未来进口新能源汽车税收优惠，及对节能环保相关产业增值税优惠政策的范围和力度等方面进行了展望。

曾耀明和史忠良对中外新能源汽车产业政策进行了对比分析，中外新能源汽车产业政策的共同点包括政府在技术研发和消费两个环节进行巨额的投入，政府及公共部门进行采购，加大对相关基础设施的投入。中外新能源汽车产业政策的不同点包括新能源汽车的发展路径不同，对消费者的引导方式不同，政策扶持的思路不同。王璐和齐宇通过整理分析国外发达国家(以美国、日本、欧盟为代表)在促进新能源汽车产业发展方面的政策,结合政策的实施效果,为提出促进我国新能源汽车产业发展的对策建议提供实践基础。李维臻和鲜晓花深入探讨了美国、日本、欧盟等国新能源汽车发展状况,对发达国家新能源汽车产业政策进行了对比,借鉴发达国家经验,提出了我国发展新能源汽车产业的战略选择。

(四)新能源汽车产业技术相关研究

胡冬雪和胡志根采用市场德尔菲法,对新能源汽车领域技术专家发放两轮问卷征集技术需求清单;向社会专家和国内相关企业、科研院所和高校技术专家发放两轮德尔菲调研问卷,对问卷进行回收、处理和分析,得到新能源汽车领域关键技术课题清单;对关键技术课题对我国该产业发展的重要度、预期实现时间、我国目前的研发水平、能否形成自主知识产权、能否形成产业化、技术对生活质量的影响、技术发展的制约因素、技术课题的发展路径进行了分析。

阮娴静从技术角度阐述我国新能源汽车技术的发展现状,通过明确新能源汽车的技术分类,构建新能源汽车技术评价体系,并运用相关指标体系对现今世界范围内十款天然气汽车的代表车型进行模糊综合评价,并发掘其排名先后的原因,提出对发展我国天然气汽车的有益建议。

任海英、程善宝和黄鲁成基于系统的视角,对区域新兴技术产业化系统(RETIS)的概念和特征进行了分析探讨,提出运用系统动力学的方法对 RETIS 问题进行了仿真研究。通过对新能源汽车产业的考察,应用系统动力学方法建立了分析模型,并对模型的运行机制进行了详细阐述。在对三个子系统的研究及各系统因素的因果关系分析中,总结出了新兴技术产业化存在的"双轨转换"等主要规律,为区域新兴技术产业化的进一步研究提供了一种可行的方法。

陈文波介绍了我国新能源汽车的技术路线格局、关键技术及主要产品,探讨了我国新能源汽车的发展瓶颈,即:研发力量分散,未建立产学研合作研发体系;还没有掌握新能源汽车的核心技术;政策扶持力度不够,新能源汽车市场还不成熟。

王宇宁等以我国汽车电子专利为研究对象,运用 TRIZ 理论,从性能参数、专利数量、专利等级和利润四个方面对我国汽车电子产业进行技术成熟度研究,分析了该产业存在的问题,据此提出我国汽车电子产业总体处于 S 曲线的成长期,但指标发展不均衡,最后提出了发展我国汽车电子产业的策略和建议。

孙冰等将态势观点引入技术生态位的基础上,从网络关系的视角分析了生态位态势的愿景、力量和知识三个机制。在此前提下,阐述了技术生态位态势的四个阶段,以东北三省新能源汽车产业为研究对象,根据前期的实地调查结果,分别讨论了三个机制作用下的生态位态势,根据实证结果研究,有重点地针对四个阶段的技术生态位态势提出了发展建议,为技术生态位理论在我国区域新兴技术产业实践中的运用进行了有益探索。

（五）新能源汽车产业市场相关研究

马钧等在《基于 AHP 及 Logit 回归的新能源汽车市场预测模型》一文中，根据消费者效用极大化原理，利用层次分析法，分析中国消费者购买新能源汽车的成本、可靠性、动力性、形象、安全性和便利性因素的权重；通过对欧、美、日新能源汽车乘用车市场份额与消费者效用的 Logit 回归分析，构建基本、一般和激进三种政府规制场景下的中国新能源汽车乘用车市场份额的预测模型。

王世进认为，制约新能源汽车推广的主要因素是汽车的技术与效能、动力电池因素、配套基础设施和服务、销售价格以及消费者偏好。基于对当前新能源汽车推广的三种商业模式的探讨，对新能源汽车的研发与配套、电池管理系统、购买与收费方式、汽车设计、后勤与风险保障等方面提出了建议。

蔡建林等基于科技接受模型等理论，提取低碳创新产品采用的影响因素，以新能源汽车为例通过回归分析进行实证。

薛玉洁在市场调查的基础上，运用计量经济学的有关知识，对我国新能源汽车消费的发展现状和消费的制约因素进行了统计分析，同时对当前的市场状况提出建议。

陈玲等通过对世界新能源汽车发展历程与趋势的系统梳理，从产业、市场和政策三个维度分析了发达各国（地区）新能源汽车运行管理的模式与特点，并基于此提出了对我国新能源汽车运行管理的启示。

李小楠等在北京对消费者进行了新能源汽车的问卷调查，他们发现绝大部分的消费者对新能源汽车并不了解，只有 8% 的受访者回答非常了解，但超过 9 成的受访者都有购买新能源汽车的意愿。

沈玲通过分析有关政策、消费者、使用成本及外部环境等方面情况，结合新能源汽车自身特点，对国内新能源汽车目标客户及其营销策略进行分析并提出建议。

石红波等从消费者行为特征与规律出发，采用多元决策模型对消费者偏好设置参数，以山东威海“新能源汽车潜在消费者”为研究对象，开展新能源汽车消费者认知和购买意愿的实证研究。通过分析处理调查结果，发现消费者对新能源汽车的认知度不高，购买意愿不强，价格、续航里程、配套设施建设、技术成熟度是制约消费者购买新能源汽车的主要因素。

（六）新能源汽车产业竞争力相关研究

甘韵雯采用 SWOT 法研究分析我国新能源汽车产业的竞争力问题，并认为我国新能源汽车发展的挑战主要来自市场推广和国际市场的竞争。

袁华智等以“钻石模型”为基础，全面分析我国新能源汽车产业存在的优势与劣势、机遇与挑战，并与国外发达国家做比较，从而分析提升其竞争力的途径。

李薇薇对我国新能源汽车的绿色知识产权战略进行了研究，试图构建出多层次、多维度、攻防兼备的新能源汽车绿色知识产权战略。

齐结斌在波特钻石蛛网模型的基础上，引入技术指标，建立新的立体钻石模型，对我国新能源汽车产业竞争力进行了测度与分析，并进一步用 RCA 指数测度了我国新能源汽车产业的现实竞争力。研究结果发现，凭借政府强有力的支撑和巨大的市场需求潜力，我国新能源汽车产业具有较强的潜在竞争力，但 RCA 指数的进一步分析表明其尚未形成我国的现实竞争力。

林智奋和胡日东基于钻石模型，依据其模型中的六个因素，分析中国新能源汽车的产业竞争力及存在的问题，并就如何促进新能源汽车的发展提出对策。

时间将国内生产制造新能源汽车整车的企业（包括合资企业）作为研究主体，通过与美国、德国、日本和韩国的新能源汽车产业进行比较，系统地从产业角度全方位地评价我国新能源汽车产业的国际竞争力。

（七）新能源汽车产业风险相关研究

薛震从技术水平、产业化等角度，分析了我国新能源汽车产业发展现状，并提出了新能源汽车产业化发展过程中面临的风险。在对这些风险分析的基础上，文章提出了建立新能源汽车产业化过程中风险规避机制的建议。

罗党和张敬根据新能源汽车发展现状，分析了实施新能源汽车项目的风险并建立风险评价指标体系。运用多层次灰色评价方法对河南实施新能源汽车项目的风险进行评价，最后得到综合评价值，确定河南目前实施新能源汽车项目的风险比较大。应采取一定的措施并掌握发展新能源汽车的核心技术后再进行产业化。

崔静思通过对新能源汽车专利进行分析研究发现，目前国内核心专利申请数量较少，关键技术还有待进一步突破，国外企业在华专利布局意图明显。在各地新能源汽车项目快速上马的繁荣景象背后，对于我们应如何应对可能由专利引发的风险问题进行了分析研究。

孙明结合我国新能源汽车产业发展现状，分析了实施新能源汽车项目的风险，并从技术风险、政策风险、市场风险和运营风险四个维度建立了风险评价指标体系，根据评价信息的灰色不确定性，构建了三角白化权函数，然后运用三角白化权函数的方法对河南省六种新能源汽车项目进行风险评估，最后得到各种新能源汽车项目的风险情况，并结合实际情况对结果作出解释。

郭莹等根据山东省新能源现状，分析实施新能源汽车项目的风险并建立风险评价指标体系，运用未确知测度模型评价山东新能源汽车项目风险，得到综合评价值。

韩卫群和尹向阳等从新能源汽车不同使用群体的角度，将租赁运营模式划分为以下三种模式，即政府公务用车租赁、企事业单位业务经营用车租赁和私人体验消费用车租赁，并对每种模式的特点进行了介绍。在此基础上，对租赁运营模式的风险成因进行了分析，具体风险包括信用风险、技术风险、政策风险和非经营性风险，对每种类型风险提出了相应的防范措施。

刘浩华和程杨通过提出19个需求风险影响因素，对问卷进行探索性因子分析与主成分分析，确定新能源汽车技术、外部政策和商业环境、消费者行为及能耗成本四个公因子，识别关键需求风险因素并进行解释，为有关方面采取相应的风险应对策略提供依据。

三、国内外研究现状评述

虽然我国与国外发展新能源汽车产业都是从考虑解决能源、环境、气候等问题的角度作为出发点，但从国内外研究的侧重点差异可以看出，国内研究新能源汽车产业更多关注的是战略层次和政策层次，并围绕这一主题展开研究，而国外的研究则还是更多地从出发点本身，即围绕能源、环境、气候变化等主题展开研究。进而，在新能源汽车产业风险研究方面，由于从政策角度出发，并赋予战略意义，虽然数量较少，但国内还是能看到一些有关新能源汽车产业风险方面的研究，相反，国外则基本见不到直接与新能源汽车产业风险相关的研究。

具体从新能源汽车产业风险研究来看，现有研究往往侧重于对风险现象的分析评估、经验归纳和现象解释，依据全面风险管理思想所衍生出来的各种技术方法和模型往往缺乏一种整体前瞻性且动态性较弱，并且某些风险量化模型太过艰涩而实用性不足。单纯从风险评价来看，很多研究都是以静态的视角研究产业风险因素，通过建立评价指标体系，运用主观方法确定权重和给指标赋值，但这种相对静态的描述对未来特定时间和空间指向模糊，而且结果单一，并不适合强调动态性和关注未来的新能源汽车产业。由于新能源汽车产业自身特点，如技术与产业的深度结合、突出战略性等，目前对产业风险所开展的研究理论支撑还不够，而真正从系统的、面向未来的角度研究新能源汽车产业风险问题的文献极少。尽管如此，现有的研究成果也为本研究提供了基本平台和启示思路。

第三节　本书的总体思路、主要内容和研究方法

一、总体思路

研究我国的新能源汽车产业风险问题，就必须针对我国新能源汽车产业发展的现状，存在的问题，探究新能源汽车产业所呈现的风险的特征与影响因素及风险产生机理。通过借鉴以往学者研究和相关理论的基础上，本书给出我国新能源汽车产业风险分析与评价应采用的方法特征。本书认为，由于新能源汽车产业发展过程中会经历不同的发展阶段，每一阶段风险也会呈现出各自的特征，各风险要素所发挥的作用也不一样，风险要素自身也会随环境的变化处于动态变化之中，所以必须采用动态与相对静态相结合的方法。同时，研究战略性新兴产业实际更多的

是在研究关于未来的问题，未来不能事先确定，但可能演变为不同的方向，这种方向取决于现在的利益相关者所作和将要作出的各种各样的行动和决策，所以对我国新能源汽车产业风险分析与评价需要采用多方参与的、面向未来的主观评价方法，同时，需要综合运用技术未来分析方法及其他分析工具尽量克服主观评价的局限性。

基于上述分析，考虑到我国现有汽车能源消费结构主要以石油为主，且占石油消费比例最大，本书首先对我国石油消费量与汽车保有量进行了预测，并对我国新能源汽车产业发展的现状及问题进行了分析，进一步通过数据和现状验证说明我国新能源汽车产业发展的迫切性。本书接着在对新能源汽车产业特征及风险含义界定的基础上，对新能源汽车产业风险形成的机理进行了分析。在此基础上，本书根据我国新能源汽车产业风险所呈现的特点，并总结了新能源汽车产业风险识别与评价的难点和现有识别与评价方法的局限性，给出了我国新能源汽车产业风险识别与评价方法应具备的特征，建立了风险识别与评价的研究框架。通过前面分析，本书从静态和因素推断的视角，从风险源的角度对风险进行了识别，通过建立风险评价指标体系，运用多重共线性方法对指标进行筛选，确定了新能源汽车产业关键风险源；运用 FIR 风险分析模型，通过因素间交互关系识别产业风险；从产业发展的角度，并引入利益相关者的意见，采用情景分析法对我国新能源汽车产业风险进行识别，具体过程是：通过制定和发放调查问卷，将众多利益相关者的意见进行收集，挖掘关键风险要素并进行分析，由此确定不确定轴面；依据不确定轴面开发未来情景，对未来风险情景进行描述，努力构建新能源汽车产业未来可能的几种风险情景；在对风险要素和可能的风险情景识别的基础上，本书结合我国新能源汽车产业风险的特点，采用模糊综合评价的方法，对我国新能源汽车产业风险进行评价，确定风险等级，在本书的最后部分，给出了我国新能源汽车产业风险控制的对策与建议。本书研究的总体框架如图 1.5 所示。

二、主要内容

第一章为绪论。论述了选题的背景、目的及意义，鉴于新能源汽车产业风险分析与识别及评价的重要作用和意义，提出了需要研究的问题。通过对国内外新能源汽车产业风险研究现状进行分析，指出了现有研究的不足，确定了研究的主要内容和框架，确定了研究方法，提出了本书创新之处。

第二章首先对我国石油消费量与汽车保有量进行了预测，并对产业发展的现状及问题进行了分析。通过预测，用数据进一步验证了我国发展新能源汽车产业的迫切性；通过现状与问题分析，说明了我国发展新能源汽车产业的紧迫性。

第三章是关于新能源汽车产业风险形成机理及我国新能源汽车产业风险识别与评价的研究框架。本章首先分析了新能源汽车产业的特征，并从风险概念、风险

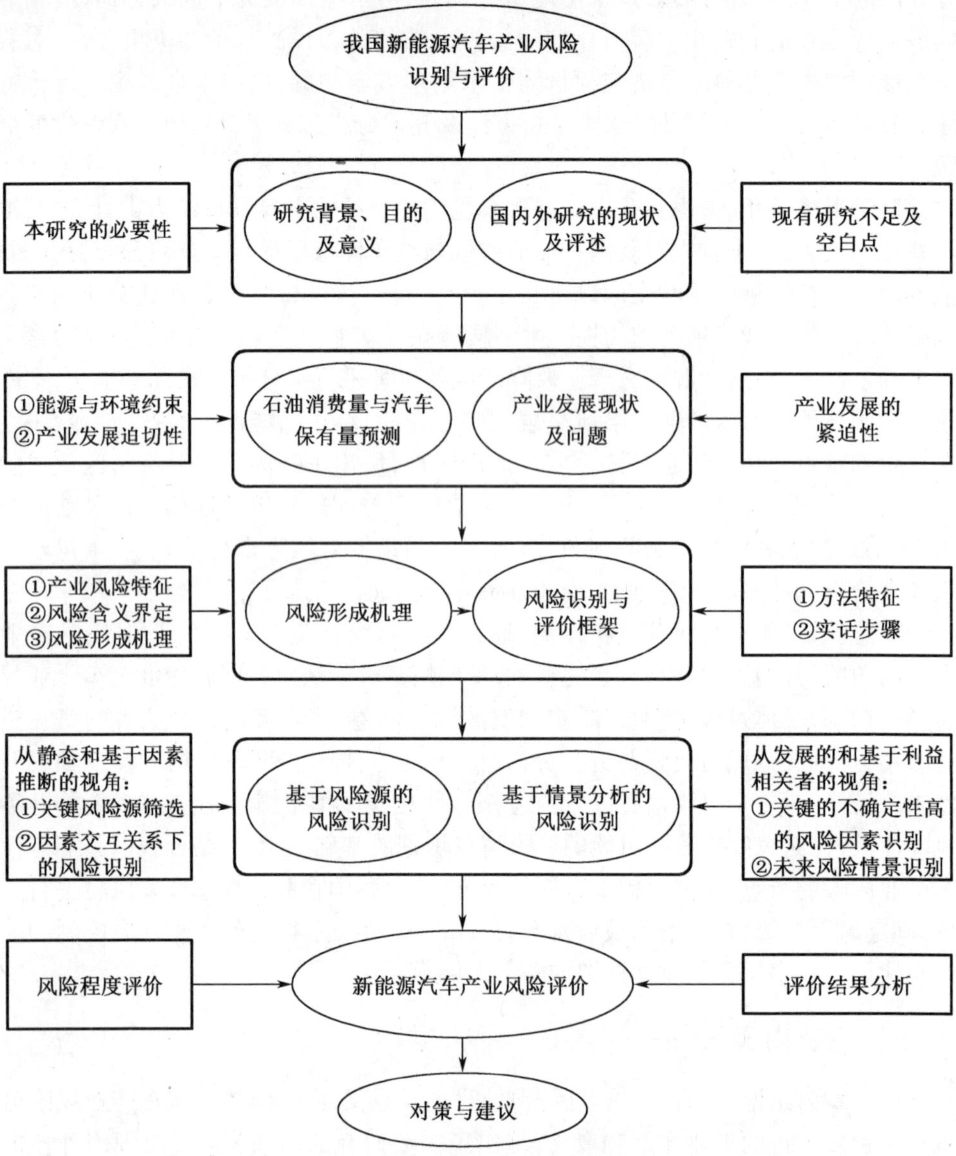

图 1.5　本书研究的总体框架

管理和产业风险三个方面简要介绍了风险相关理论,然后对新能源汽车产业风险的含义进行了界定。在此基础上,本书分别从内生性和外生性两个方面对新能源汽车产业风险形成机理进行了分析;在探究我国新能源汽车产业所呈现的风险特征的基础上,通过上述分析和根据对以往学者研究成果的梳理,总结出新能源汽车产业风险识别与评价的难点及现有方法的局限性,给出我国新能源汽车产业风险评价目标，界定了研究问题的范围，构建了我国新能源汽车产业风险识别与评价研究框架。

第四章从风险源的角度对我国新能源汽车产业风险进行识别。本章首先介绍了风险源的概念，并从风险源的角度，重点从因素本身，构建了我国新能源汽车产业风险初选指标体系，运用多重共线性方法对初选指标进行了筛选，识别出关键的风险源和风险指标，并对具体风险指标内涵进行了分析。运用了 FIR 分析模型（Factor－Interaction－Risk Model，因素－交互关系－风险），主要从风险因素间的交互关系对我国新能源汽车产业风险进行了识别。

第五章是对我国新能源汽车产业未来风险进行了情景分析。本章重点从产业发展的视角，将利益相关者纳入风险识别主体，通过问卷设计与调查，将众多利益相关者对未来 5～8 年我国新能源汽车产业发展可能的状态的意见综合起来，将我国新能源汽车产业风险源中对具有重要的、不确定性高和破坏性大的关键风险要素进行识别，进而建立不确定性轴面，开发风险情景，并对各风险情景下的风险进行描述。

第六章是结合我国新能源汽车产业风险的特点，运用风险矩阵方法，对调查问卷获得数据进行了处理，对指标体系最末层建立了模糊评判矩阵，运用群组决策特征根法对不同层级指标进行赋权，运用模糊合成运算确定各类风险源对各风险等级的隶属度，以及产业整体的各风险等级隶属度，并对结果进行分析，全面综合的分析和评价新能源汽车产业风险状况。

第七章在前文对我国新能源汽车产业风险识别和评价的基础上，针对识别和评价结果给出了我国新能源汽车产业风险控制的对策与建议。

三、研究方法

有关新能源汽车产业风险在国内研究还比较少，本书在阅读大量国内外有关高技术企业、新兴产业、技术风险、产业风险、市场风险、技术未来分析等文献的基础上，对研究和评价方法进行梳理，结合我国新能源汽车产业风险特点，对我国新能源汽车产业风险进行系统分析和深入研究。其主要研究方法有：

（一）理论研究与实证分析相结合

本书充分搜集了国内外学者对于新能源汽车产业风险的研究资料，通过归纳、整理，进行理论分析，并形成了本书逻辑架构与理论体系，又通过具体实证，对理论分析进行验证，从而使研究结果具有科学性和实用性。

（二）定性研究与定量研究相结合的方法

本书的重点是新能源汽车产业风险识别和评价。通过定性研究新能源汽车产业风险的内涵、评价要求等问题，并在此基础上，综合运用情景分析法、风险矩阵法、模糊综合评价等方法，建立了研究新能源汽车产业风险识别与评价模型。

(三)主观分析与客观分析相结合

研究新能源汽车产业需要一种面向未来的视角,新能源汽车产业的发展方向和路径很大程度上要依据利益相关者和专家的决策与主观判断;同时,新能源汽车产业的发展还有其客观内在规律并会有直接或间接的外在表现,完全可以也需要借助客观分析方法对主观分析进行补充、修正和验证,通过主客观相结合使分析结论更加科学准确。

(四)动态分析与静态分析相结合

对于新能源汽车产业,无论是其自身还是所处的环境,都是在不断地变化之中,是一个动态过程,从一个相对平衡的状态经过动态变化之后又达到新的平衡状态,采用静态分析与动态分析相结合的研究方法是必要的。

第四节　本书的创新之处

本书的创新之处有以下四点:

第一,分别运用 GM(1,1)模型和 Gompertz 模型对我国石油消费量和汽车保有量进行了预测,明确了我国新能源汽车产业未来发展关键阶段的两项重要背景条件。

第二,在探究我国新能源汽车产业所呈现的风险的特征和通过对新能源汽车产业风险及其形成机理进行分析的基础上,构建了我国新能源汽车产业风险识别与评价的框架;构建了我国新能源汽车产业风险识别指标体系和 FIR 风险分析模型,对我国新能源汽车产业风险关键风险源进行识别,确定了我国新能源汽车产业关键风险源。

第三,基于风险源的角度,重点从因素本身,对我国新能源汽车产业风险进行了识别与分析;从产业发展的角度,运用情景分析的方法,将利益相关者纳入风险识别主体,对我国新能源汽车产业风险进行了识别,通过问卷设计与调查,确定了我国新能源汽车产业风险源中具有重要的、不确定性高的和破坏性强的关键风险要素,建立不确定性轴面,开发设计了我国新能源汽车产业风险情景,并对各风险情景下的风险进行描述。

第四,运用风险矩阵方法,运用群组决策特征根对不同层级指标进行赋权,运用模糊合成运算确定各类风险源对各风险等级的隶属度,并对结果进行分析。

第二章　我国石油消费量与汽车保有量预测及新能源汽车产业发展现状

第一节　石油消费量与汽车保有量预测的必要性和预测条件设定

一、石油消费量与汽车保有量预测的必要性

汽车工业是国民经济的支柱产业，它与人们的生活息息相关，已成为现代社会必不可少的组成部分。

随着经济的快速发展，中国汽车保有量也在不断提高。以私人载客汽车为例，从2003年的845.87万辆增加到2013年的9 198.23万辆，10年时间增长近11倍。目前，我国汽车能源消费结构中主要以石油为主。相关研究表明，近年来，中国每年约有一半的石油用于道路交通，并且汽车消耗占主要部分，且呈逐年上升趋势。

以石油为燃料的传统能源的汽车，在为人们提供快捷、舒适的交通工具的同时，增加了国民经济对化石能源的依赖，加深了能源生产与消费之间的矛盾。汽车保有量的快速增加给中国的能源安全、污染物排放以及环境保护等方面都造成了巨大的影响。因此，研究石油消费量与汽车保有量的增长规律，准确预测未来石油消费量与汽车保有量，了解未来新能源汽车产业发展这样的两项重要背景条件，对于清晰认识发展新能源汽车的必要性与紧迫性具有重要的意义。

而对于汽车保有量而言，按照不同的考察目的，汽车有多种品类的划分方法。

根据汽车结构分为载客汽车和载货汽车及其他汽车；根据汽车所有者不同分为个人（私人）汽车和单位汽车。

按照新的分类标准，又可将汽车分为乘用车与商用车等。考虑到新能源汽车主要应用于两大领域，一个是应用于城市客运、环卫、邮政、物流、公安巡逻等公共领域，另一个则是私家车即私人领域。由于城市客运等公共服务领域的应用数量相对较少，且从数量上讲，将来新能源汽车大范围普及的主要领域是私家车，所以

对我国未来私人载客汽车保有量进行预测，将预测结果作为未来新能源汽车产业发展的重要的背景条件更具现实与直接意义。

二、预测年限与预测情景设定

（一）预测年限

预测年限方面，根据我国近年制定的相关发展规划，如国务院发布的《节能与新能源汽车产业发展规划（2012—2020）》，按此规划，到2015年，我国纯电动汽车和插电式混合动力汽车累计产销量力争达到50万辆，到2020年，纯电动汽车和插电式混合动力汽车生产能力达200万辆，累计产销量力争超过500万辆。

同时，对比于国外的发展规划，日本的发展目标是2020年新能源汽车市场占有率达到50%，年销量为200万辆；欧盟规划到2020年新能源汽车保有量达到500万辆。

考虑到未来新能源汽车市场的国际竞争关系及产业安全问题，对于我国新能源汽车产业发展而言，2020年是一个重要的节点，而且本书后续所进行的风险识别与评价的设定年限也是5~8年，主要也是考虑了2020年这一重要的节点。所以，本书预测的年限设定为2020年，即预测目前直至2020年当年的石油消费量与汽车保有量。

（二）预测情景

预测情景方面，不同的背景条件，石油消费量与汽车保有量未来的变化会有巨大的差异。当今世界，虽然发展很不均衡，但伴随着科技及国际化水平的飞速发展，整体而言已经进入高速发展阶段，能源与环境问题也变得日益突出，节约能源、保护环境的形势也愈发严峻，各个国家以及国家间通过开展广泛的国际合作以谋求切实有效的应对措施。无论是各国还是在国际合作机制框架下的相应措施都将会对未来石油消费及汽车保有量产生巨大的影响，而且产生这种影响的因素较为复杂，既受技术、经济因素的影响，也受到地缘政治、文化等因素的影响。在此条件下，无论运用什么预测方法，所得到的结果都是基于历史数据所作的趋势推断。即使是通过设置不同情景，对历史数据将来的发展趋势施以影响，由于影响因素的复杂性，情景的设置也较为复杂。鉴于此，本书在对我国未来几年石油消费及汽车保有量预测仅设置一种基础情景，即按照历史数据的自然发展趋势来推断未来的具体情况。也就是，在不采取任何措施的情况下，来考察石油消费量与汽车保有量将会怎样发展。

第二节　我国石油消费量预测

一、预测方法的选取

灰色系统是指“部分信息已知,部分信息未知”的、“小样本”“贫信息”的不确定性系统,它是通过对“部分”已知信息的加工处理,去了解、认识现实世界,实现对系统运行行为和演化规律的正确把握和描述。灰色系统模型的特点是对试验观测数据及其分布没有特殊的要求和限制,具有十分宽广的应用领域。目前,灰色系统已经成为社会、经济、科教、技术等很多领域进行预测、决策、评估、规划、控制、系统分析和建模的重要方法之一。特别是它对时间序列短、统计数据少、信息不完全系统的建模与分析,具有独特的功效。

GM(1,1)模型也称作一阶一个变量的灰微分方程模型。灰色理论认为系统的行为现象尽管是朦胧的,数据是复杂的,但它毕竟是有序的,是有整体功能的。灰数的生成,就是从杂乱中寻找出规律。同时,灰色理论建立的是生成数据模型,不是原始数据模型。因此,灰色预测的数据是通过生成数据的 GM(1,1)模型所得到的预测值的逆处理结果。具体的模型计算式如下。

设非负原始序列为 $X^{(0)}=\{x^{(0)}(1),x^{(0)}(2),\cdots,x^{(0)}(n)\}$,对 $X^{(0)}$ 通过累加形成一阶累加序列 $X^{(1)}=\{x^{(1)}(1),x^{(1)}(2),\cdots,x^{(1)}(n)\}$,其中,$x^{(1)}(k)=\sum_{i=1}^{k}x^{(0)}(i),k=1,2,\cdots,n$。

于是,$X^{(0)}$ 的 GM(1,1)白化微分方程为 $\frac{\mathrm{d}x^{(1)}}{\mathrm{d}x}+ax^{(1)}=u$,其中,$a,u$ 为待定参数,将其离散化,即得 $a^{(1)}[x^{(1)}(k+1)]+\frac{1}{2}a[x^{(1)}(k+1)+x^{(1)}(k)]=u$,其矩阵形式可简化为

$$\boldsymbol{Y}_n=\boldsymbol{BA} \tag{2-1}$$

利用矩阵求导公式可得

$$\boldsymbol{A}=(\boldsymbol{B}^{\mathrm{T}}\boldsymbol{B})^{-1}\boldsymbol{B}^{\mathrm{T}}\boldsymbol{Y}_n=[\hat{a},\hat{u}]$$

因此有

$$x^{(1)}(t)=\left[x^{(1)}(1)-\frac{\hat{u}}{\hat{a}}\right]\mathrm{e}^{-\hat{a}k}+\frac{\hat{u}}{\hat{a}} \tag{2-2}$$

对式(2-2)作累减还原,原始数列 $X^{(0)}$ 的灰色预测模型为

$$x^{(0)}(k+1)=\left[(\mathrm{e}^{-\hat{a}}-1)\left(x^{(0)}(1)-\frac{\hat{u}}{\hat{a}}\right)\right]\mathrm{e}^{-\hat{a}k} \tag{2-3}$$

许多学者都运用 GM(1,1)模型进行能源预测研究,本书也将采用 GM(1,1)模

型，预测 2020 年我国石油消费的具体数量。

二、运用 GM(1,1)模型对我国石油消费量预测

(一)数据的获取

通过查阅《中国统计年鉴 2014》，获得从 2004 年至 2012 年我国石油消费量的情况，见表 2.1。

表 2.1　2004 年至 2012 年我国石油消费量的情况

序号	年份	消费量	序号	年份	消费量
1	2004	31 700.5	6	2009	38 384.5
2	2005	32 537.7	7	2010	43 245.2
3	2006	34 876.2	8	2011	45 378.5
4	2007	36 658.7	9	2012	47 650.5
5	2008	37 302.9			

(二)通过级比检验分析建模可行性

根据表 2.1 的数据，得

$$X^{(0)}=\{x^{(0)}(1),x^{(0)}(2),\cdots,x^{(0)}(9)\}$$
$$=(31\ 700.5,32\ 537.7,\cdots,47\ 650.5)$$

由公式

$$\sigma(k)=\frac{x^{(0)}(k-1)}{x^{(0)}(k)} \tag{2-4}$$

得

$$\sigma(k)=(\sigma(2),\sigma(3),\cdots,\sigma(9))$$
$$=(\sigma(0.974\ 269\ 847),\sigma(0.932\ 948\ 544),\cdots,\sigma(0.952\ 319\ 493))$$

由 $\sigma(k)\in(e^{-\frac{2}{n+1}},e^{\frac{2}{n+1}})$，其中 $n=9$，得 $\sigma(k)\in(0.818\ 730\ 753,1.221\ 402\ 758)$

由于所有的 $\sigma(k)\in(0.818\ 730\ 753,1.221\ 402\ 758)$，说明所选样本相邻样本的变化范围符合 GM(1,1)建模要求。

(三)GM(1,1)建模

对原始数据 $X^{(0)}$ 作一次累加，即

$$x^{(1)}(k)=\sum_{i=1}^{k}x^{(0)}(i);k=1,2,\cdots,n$$

具体得

$$X^{(1)}=\{x^{(1)}(1),x^{(1)}(2),\cdots,x^{(1)}(9)\}$$
$$=\{31\ 700.5,64\ 238.2,\cdots,347\ 734.7\}$$

构造数据矩阵 **B** 以及数据向量 **Y**，由

$$\frac{1}{2}[x^{(1)}(1)+x^{(1)}(2)]=47\ 969.35$$

$$\frac{1}{2}[x^{(1)}(2)+x^{(1)}(3)]=81\ 676.3$$

$$\frac{1}{2}[x^{(1)}(3)+x^{(1)}(4)]=117\ 443.75$$

$$\frac{1}{2}[x^{(1)}(4)+x^{(1)}(5)]=154\ 424.55$$

$$\frac{1}{2}[x^{(1)}(5)+x^{(1)}(6)]=192\ 268.25$$

$$\frac{1}{2}[x^{(1)}(6)+x^{(1)}(7)]=233\ 083.1$$

$$\frac{1}{2}[x^{(1)}(7)+x^{(1)}(8)]=277\ 394.95$$

$$\frac{1}{2}[x^{(1)}(8)+x^{(1)}(9)]=323\ 909.45$$

可得

$$\boldsymbol{Y}=\begin{bmatrix}x^{(0)}(2)\\x^{(0)}(3)\\x^{(0)}(4)\\x^{(0)}(5)\\x^{(0)}(6)\\x^{(0)}(7)\\x^{(0)}(8)\\x^{(0)}(9)\end{bmatrix}=\begin{bmatrix}32\ 537.7\\34\ 876.2\\36\ 658.7\\37\ 302.9\\38\ 384.5\\43\ 245.2\\45\ 378.5\\47\ 650.5\end{bmatrix},\boldsymbol{B}=\begin{bmatrix}-\frac{1}{2}[x^1(1)+x^1(2)] & 1\\-\frac{1}{2}[x^1(2)+x^1(3)] & 1\\-\frac{1}{2}[x^1(3)+x^1(4)] & 1\\-\frac{1}{2}[x^1(4)+x^1(5)] & 1\\-\frac{1}{2}[x^1(5)+x^1(6)] & 1\\-\frac{1}{2}[x^1(6)+x^1(7)] & 1\\-\frac{1}{2}[x^1(7)+x^1(8)] & 1\\-\frac{1}{2}[x^1(8)+x^1(9)] & 1\end{bmatrix}=\begin{bmatrix}-47\ 969.35 & 1\\-81\ 676.3 & 1\\-117\ 443.75 & 1\\-154\ 424.55 & 1\\-192\ 268.25 & 1\\-233\ 083.1 & 1\\-277\ 394.95 & 1\\-323\ 909.45 & 1\end{bmatrix}$$

用 MATLAB 软件进行矩阵运算求 $\hat{a},\hat{u}$,得

$$\boldsymbol{B}^{\mathrm{T}}\boldsymbol{B}=\begin{bmatrix}319\ 772\ 154\ 126.355 & -1\ 428\ 169.7\\ -1\ 428\ 169.7 & 8\end{bmatrix}$$

$$(\boldsymbol{B}^{\mathrm{T}}\boldsymbol{B})^{-1}=\begin{bmatrix}0.000\ 000\ 000\ 015\ 429 & 0.000\ 002\ 754\ 380\ 279\\ 0.000\ 002\ 754\ 380\ 279 & 0.616\ 715\ 307\ 141\ 858\end{bmatrix}$$

由 $\boldsymbol{A}=(\boldsymbol{B}^{\mathrm{T}}\boldsymbol{B})^{-1}\boldsymbol{B}^{\mathrm{T}}\boldsymbol{Y}=[\hat{a},\hat{u}]$,经过计算得

$$\hat{a}=-0.054\ 594\ 145\ 89,\hat{u}=29\ 758.061\ 880\ 880\ 36$$

解得时间响应序列为

$$\begin{aligned}\hat{x}^{(1)}(k+1)&=\left[\left(x^{(1)}(1)-\frac{\hat{u}}{\hat{a}}\right)\right]\mathrm{e}^{-\hat{a}k}+\frac{\hat{u}}{\hat{a}}\\&=576\ 778.390\ 6\mathrm{e}^{0.054\ 594\ 145\ 89k}-545\ 077.890\ 6\end{aligned}\tag{2-5}$$

令 $\hat{x}^{(1)}(1)=\hat{x}^{(0)}(1)=x^{(0)}(1)$。求生成数列 $\hat{x}^{(1)}(k+1),k=1,2,\cdots,8$,得

$$\hat{x}^{(1)}(1)=31\ 700.5$$
$$\hat{x}^{(1)}(2)=64\ 064.631\ 56$$
$$\hat{x}^{(1)}(3)=98\ 244.776\ 05$$
$$\hat{x}^{(1)}(4)=134\ 342.833\ 4$$
$$\hat{x}^{(1)}(5)=172\ 466.421\ 4$$
$$\hat{x}^{(1)}(6)=212\ 729.196\ 3$$
$$\hat{x}^{(1)}(7)=255\ 251.192$$
$$\hat{x}^{(1)}(8)=300\ 159.177\ 7$$
$$\hat{x}^{(1)}(9)=347\ 587.035\ 8$$

由 $\hat{x}^{(0)}(k+1)=\hat{x}^{(1)}(k+1)-\hat{x}^{(1)}(k)$得模型预测值为 $\hat{x}^{(0)}(k+1)$。具体获得的模式型预测值及误差分析见表 2.2。我国石油消费历年模拟计算值与实际值曲线关系,如图 2.1 所示。

表 2.2　模型预测值及误差分析　　单位:t

序号	年份	实际值	预测值	残差	相对误差
1	2004	31 700.5	31 700.5	0	0
2	2005	32 537.7	32 364.131 56	173.568 4	0.005 334
3	2006	34 876.2	34 180.144 49	696.055 5	0.019 958
4	2007	36 658.7	36 098.057 35	560.642 6	0.015 294
5	2008	37 302.9	38 123.588	-820.688	-0.022

表 2.2(续)

序号	年份	实际值	预测值	残差	相对误差
6	2009	38 384.5	40 262.774 9	-1 878.27	-0.048 93
7	2010	43 245.2	42 521.995 7	723.204 3	0.016 723
8	2011	45 378.5	44 907.985 7	470.514 3	0.010 369
9	2012	47 650.5	47 427.858 1	222.641 9	0.004 672

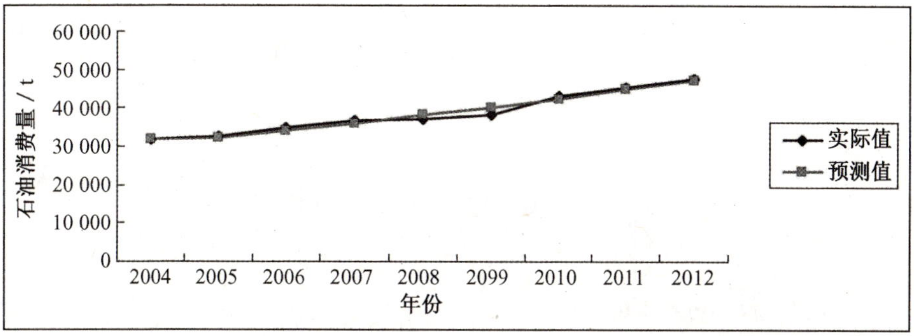

图 2.1　我国石油消费历年模拟计算值与实际值曲线关系图

从表 2.2 和图 2.1 综合来看,模型的预测精度较高,曲线拟合效果很好,预测的效果很好,模型能够反映未来一段时间我国石油消费量的发展趋势。

根据获得的预测模型,对我国 2013 年至 2020 年的石油消费数量进行预测,预测结果见表 2.3,其中的序号也是预测模型中的一个变量,故表中序号接续表 2.2 由 10 开始。我国 2013 年至 2020 年石油消费量预测数值变动趋势如图 2.2 所示,由对比图 2.1 与图 2.2 可以看出,石油消费量保持了高速增长的态势。

表 2.3　我国石油消费预测结果　　单位:t

序号	年份	预测值	序号	年份	预测值
10	2013	50 089.125 4	14	2017	62 313.650 5
11	2014	52 899.721 4	15	2018	65 810.187 7
12	2015	55 868.025 3	16	2019	69 502.922 5
13	2016	59 002.886 3	17	2020	73 402.863 5

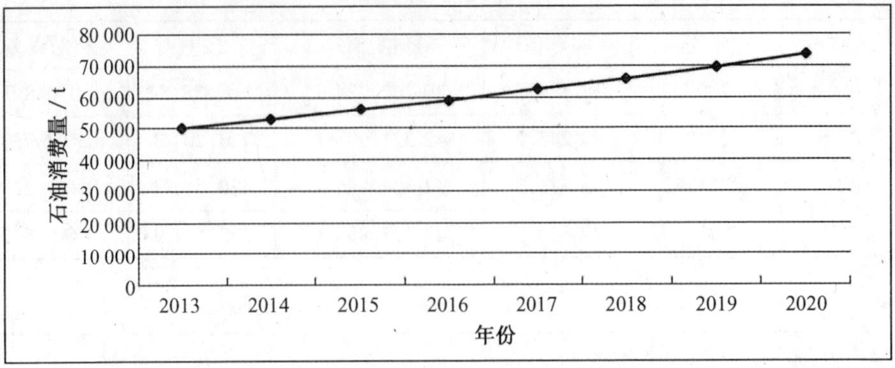

图 2.2　我国 2013 年至 2020 年石油消费量预测数值变动趋势

第三节　我国汽车保有量预测

一、预测方法的选取

参照美国、日本及欧洲等主要发达国家乘用车保有量增长的历史，各国乘用车保有率的变换过程非常相近，即“缓－急－缓”的 S 形发展历程。在人均 GDP 较低的阶段，乘用车保有量增长速度较为缓慢，乘用车保有率较低。在人均 GDP 提高到具体某一区间后，乘用车保有量都经历了高速的增长。在人均 GDP 超过一定的数值以后，乘用车保有量增长速度再次放缓，因大部分家庭已经购买了乘用车，其普及率趋于饱和状态。

通过对各国历史数据的研究，乘用车保有率与人均 GDP 的关系近似呈 S 曲线的形状。常用的 S 形曲线有很多种，其中 Gompertz 曲线是一个具有饱和值的三参数模型，通常用于表征人口、工业产品等对象的生长过程。汽车保有量与人均收入 Gompertz 曲线特征关系如图 2.3 所示，具备如下特点。

（一）模型输出随着输入的增大而增大，呈现出 S 形的增长规律

这一特点可以准确反映乘用车保有率随人均 GDP 的提高而体现出的“缓－急－缓”的 S 形发展历程。

（二）在输入的不同阶段，模型弹性呈现出由小变大再由大变小的趋势

这一特点符合乘用车保有率与人均 GDP 的弹性关系。

（三）模型具有饱和值，即当输入达到较高水平，模型输出基本不再变化

这一特点可以反映当人均 GDP 达到一定程度，汽车保有率趋于饱和，不再随着人均 GDP 的增加而增加的现实情况。

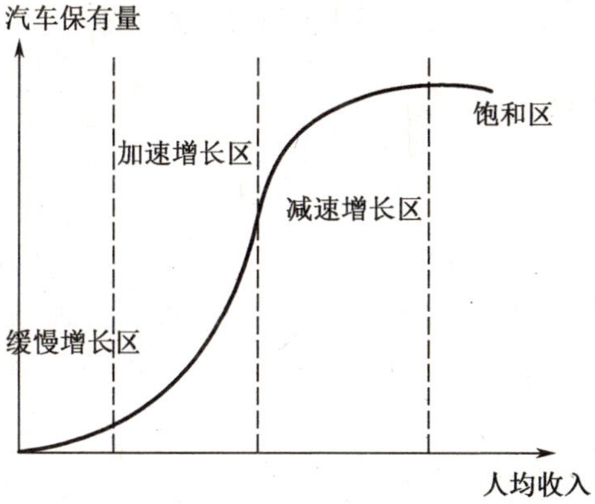

图 2.3　汽车保有量与人均收入 Gompertz 曲线特征关系

1990 年至 2013 年中国私人载客汽车千人保有量与人均 GDP 的关系变化，如图 2.4 所示。

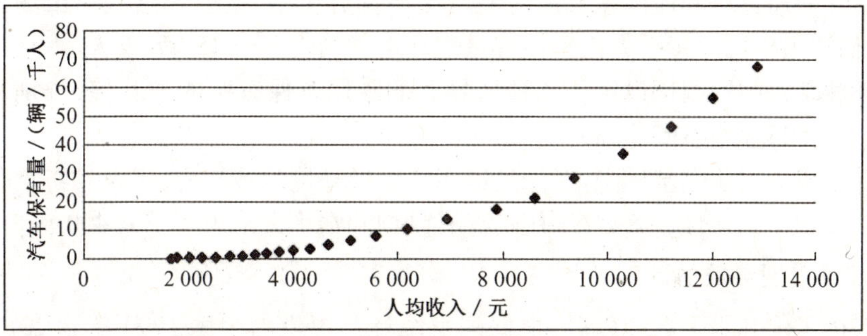

图 2.4　1990 年至 2013 年中国私人载客汽车千人保有量与人均 GDP 关系变化图

对比图 2.3 和图 2.4 也可以看出，我国私人载货汽车千人保有量与人均 GDP 关系变化正处于 Gompertz 曲线前段。

Gompertz 曲线是由英国统计学家和数学家 Benjamin Gompertz 于 1825 年提出的，该曲线是成长曲线的一种，最初用于分析如何控制人口的增长。1922 年，美国学者 R. Prescott 首次用来进行市场预测，其后，该曲线多用于产品的生命周期分析，尤其适用于处在成熟期的产品，对市场的需求量和产品的饱和量进行预测。

其一般数学模型为

$$Y_t = Y^* a^{b^t} \tag{2-6}$$

其中，a，b 是待估参数；Y^* 为 Y_t 的上限值，其取值经常在模型估计之前已经被确定；0 为 Y_t 的下限值；t 是时间趋势变量，随着时间增长而逐步递增。参数 a 决定曲线的位置，参数 b 决定渐近线的斜率。

二、运用 Gompertz 模型对乘用车保有量预测

汽车保有量的 Gompertz 函数可以描述为

$$V_t = V^* e^{\alpha e^{\beta g}} \tag{2-7}$$

其中，α，β 是待估参数；V^* 为私人汽车拥有量的上限值，单位为辆/千人，其取值要在模型估计之前确定出来；0 为 V_t 的下限值；g 为人均 GDP，单位为元/人。

为了便于回归分析，对 Gompertz 函数进行线性化处理，对函数两边取对数得

$$\ln(\ln V^* - \ln V_t) = \ln(-\alpha) + \beta g \tag{2-8}$$

经过线性变换，将式(2-8)中的 $\ln(\ln V^* - \ln V_t)$ 作为被解释变量，将 g 作为解释变量，$\ln(-\alpha)$ 和 β 作为待定参数。

由式(2-8)可以看出，要预测未来私人载客汽车的数量，就要事先确定模型中汽车保有量饱和水平 V^* 和参数 α，β，确定参数后，就可以带入未来年份相关预测数据，通过模型预测出我国未来相应年份的千人私人汽车拥有量。

(一) 饱和水平的设定

赵红梅通过对其他国家及地区的历史数据分析，并结合我国汽车市场的具体情况，估算出中国的每千人汽车保有量饱和水平约为 $V=315$ 辆/千人。

郝瀚基于中国国情设定了三种情景下的乘用车保有率的饱和值，分别为每千人 410 辆、505 辆和 315 辆。

在参照相关研究基础上，考虑到能源约束及环境承载能力，以及经济增长未来可能存在的不确定性，本书将乘用车保有量饱和水平设定为每千人 400 辆。

(二) 模型参数估计

获得了饱和水平数值以后，根据国家统计局提供的中国 1990 年到 2013 年私人载客人均国内生产总值和千人私人载客汽车拥有量数据来源：国家统计局国家数据网站客汽车保有量、GDP、人口数量等统计数据，按照线性变换后的函数，对数据进行处理相关数据及中间过程处理见表 2.4。

表 2.4 相关数据及中间过程处理

序号	年份	人均国内生产总值 g(按 1990 年不变价格)/元	千人私人载客汽车拥有量 V_t/(辆/千人)	$\ln V^* - \ln V_t$	$\ln(\ln V^* - \ln V_t)$
1	1990	1 654	0.210 525 395	7.549 613 538	2.021 496 375
2	1991	1 783.207 896	0.262 124 103	7.330 401 758	1.992 030 325
3	1992	2 012.447 711	0.356 572 872	7.022 681 197	1.949 145 082

表 2.4(续)

序号	年份	人均国内生产总值 g(按 1990 年不变价格)/元	千人私人载客汽车拥有量 V_t/(辆/千人)	$\ln V^* - \ln V_t$	$\ln(\ln V^* - \ln V_t)$
4	1993	2 266.695 506	0.504 990 845	6.674 679 525	1.898 321 192
5	1994	2 534.836 623	0.655 986 65	6.413 079 388	1.858 339 559
6	1995	2 782.832 423	0.942 445 984	6.050 741 22	1.800 180 78
7	1996	3 027.354 893	1.168 732 484	5.835 544 732	1.763 967 617
8	1997	3 272.572 029	1.547 166 454	5.555 039 384	1.714 705 513
9	1998	3 496.254 515	1.848 734 781	5.376 963 044	1.682 123 725
10	1999	3 729.662 327	2.417 518 643	5.108 722 887	1.630 949 449
11	2000	4 012.391 432	2.880 553 561	4.933 482 063	1.596 045 039
12	2001	4 314.571 189	3.681 431 045	4.688 163	1.545 040 821
13	2002	4 675.102 898	4.855 939 527	4.411 261 947	1.484 160 804
14	2003	5 111.353 213	6.545 613 533	4.112 669 411	1.414 072 31
15	2004	5 593.451 491	8.229 144 229	3.883 782 52	1.356 809 555
16	2005	6 191.559 009	10.584 064 98	3.632 114 981	1.289 815 118
17	2006	6 938.325 073	13.872 938 35	3.361 524 486	1.212 394 587
18	2007	7 882.376 312	17.535 211 80	3.127 253 585	1.140 155 17
19	2008	8 596.493 07	21.690 185 39	2.914 604 675	1.069 734 193
20	2009	9 343.953 801	28.537 504 68	2.640 245 371	0.970 871 856
21	2010	10 287.310 37	37.209 805 28	2.374 892 238	0.864 952 063
22	2011	11 209.132 3	46.294 281 37	2.156 446 106	0.768 461 545
23	2012	12 019.112 98	56.408 008 63	1.958 853 402	0.672 359 303
24	2013	12 879.109 62	67.598 256 81	1.777 882 351	0.575 422 966

利用回归分析的方法对模型中的参数 α,β 数据进行拟合,从表 2.5 和表 2.6 可知,回归系数的显著水平较高,说明模型的精度达到了足够高的水平。

表 2.5　参数估计

参数	B	标准误差	t	Sig.	95% 置信区间		偏 Eta 方	非中心参数	观测到的幂 a
					下限	上限			
截距	2.136	.021	102.567	.000	2.093	2.179	.998	102.567	1.000
VAR00003	.000	.000	−39.630	.000	.000	.000	.986	39.630	1.000

表 2.6　主体间效应的检验

源	Ⅲ型平方和	df	均方	F	Sig.	偏 Eta 方	非中心参数	观测到的幂 b
校正模型	4.313	1	4.313	1 570.567	.000	.986	1 570.567	1.000
截距	28.891	1	28.891	10 519.930	.000	.998	10 519.930	1.000
VAR00003	4.313	1	4.313	1 570.567	.000	.986	1 570.567	1.000
误差	.060	22	.003					
总计	53.313	24						
校正的总计	4.374	23						

最后得到的参数估计值为

$$\hat{\alpha} = -8.467\ 078\ 107, \hat{\beta} = -0.000\ 125\ 333$$

于是得预测函数为

$$\hat{V}_t = 400e^{-8.467\ 078\ 107e^{-0.000\ 125\ 333g}} \tag{2-9}$$

（三）经济发展设定和人口设定

由于人均收入是与经济发展水平和人口数量直接相关的变量，要预测未来汽车保有量，就必须通过设定未来经济增长情况和人口数量变化情况，由此得到未来几年人均收入的变化情况。

关于未来几年我国经济增长情况，刘伟在综合分析未来我国经济发展若干影响因素基础上，通过综合就业、通胀、2020 年前经济增长目标要求，预测 2015 年经济增长率在 7%，后续年份直至 2020 年的经济增长率为 6.8%。

刘世锦带领的国务院发展研究中心课题组从人均收入水平衡量的发展阶段及其决定的需求峰值出发，认为中国正处于增长阶段转换期，中国经济潜在增长率将由过去的 10% 下降到 6% ~7%。

林毅夫认为中国未来十年经济增长仍将保持 7% 以上的增长率，经济合作与发展组织（OECD）（2014）预测中国 2015 年到 2019 年经济增长率为 6.8%。

亚洲开发银行新任首席经济学家魏尚预测中国未来 5 年经济增长率将维持在

7%左右。

关于我国人口数量发展变化方面，孙明哲在四种由低到高的总体生育率情况下预测 2020 人口规模分别为 13.85 亿、14.01 亿、14.41 亿和 14.98 亿。

虞力预测 2020 年人口规模为 14.35 亿。

阎慧臻预测中国 2020 年人口数量约为 14.427 1 亿。

综合上述研究结论，同时考虑到我国到 2020 年具体的经济发展目标要求，本书假设 2015 我国 GDP 的增长率为 7%，同时假设 2016 年至 2020 年 GDP 的增长率均为 6.8%；对于人口规模，考虑到我国生育政策的最新变化，假设 2020 年中国的人口规模将达到 14.20 亿，同时，通过统计数据可以发现，我国 2006 年至 2014 年的 9 年间人口增长数量变化均在 600 万 ~700 万，年度变化较为稳定，故假定 2015 年至 2020 年我国人口数量以每年恒定的数量进行递增。

（四）2014 年及未来 6 年我国汽车保有量预测

根据预先设定的我国未来至 2020 年经济增长率和人口数量情况，得出未来数年的国内生产总值情况，进而计算出人均国内生产总值，将数据带入式（2－9）Gompertz 预测函数，最终预测出未来七年我国千人私人载客汽车拥有量。2014—2020 年我国千人私载客汽车拥有量预测结果，见表 2.7；我国 2014—2020 年汽车保有量预测走势图，如图 2.5 所示。

表 2.7　2014—2020 年我国千人私人载客汽车拥有量预测结果

序号	年份	经济增长率	年末总人口/万人	国内生产总值/亿元	人均国内生产总值/元	千人私人载客汽车拥有量/（辆/千人）
1	2014	7.4%	136 782	187 720.46	13 724.06	87.83
2	2015	7%	137 651.67	200 860.89	14 591.97	102.69
3	2016	6.8%	138 521.33	214 519.43	15 486.38	118.61
4	2017	6.8%	139 391	229 106.75	16 436.26	135.95
5	2018	6.8%	140 260.67	244 686.01	17 445.09	154.54
6	2019	6.8%	141 130.33	261 324.66	18 516.55	174.16
7	2020	6.8%	142 000	279 094.74	19 654.56	194.51

注：国内生产总值及人均国内生产总值均按照 1990 年不变价格核算。

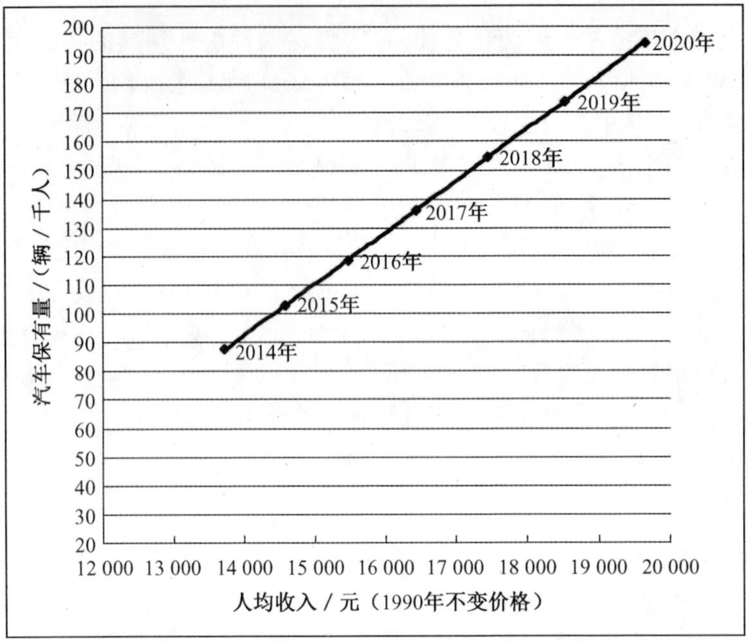

图 2.5　我国 2014—2020 年汽车保有量预测走势图

第四节　预测结果分析

一、在基础情景下石油消费量与汽车保有量出现双激增

根据 2020 年预测的私人载客汽车千人保有量数值，再根据预测的人口数量，由此计算出我国 2020 年私人载客汽车拥有量将达到 2.76 亿，相当于 2012 年数值的 3 倍；石油消费量则由 2012 年的 4.77 亿吨上升到 2020 年的 7.34 亿吨，石油消费量与汽车保有量出现了双激增的现象。具体分析来看，由于我国的一项经济发展目标是到 2020 年实现国内生产总值比 2010 年翻一番，从预测的数据来看，按照 1990 年不变价格，2020 年国内生产总值是 279 094.74 亿元，2010 年的数字则是 137 589.33 亿元。虽然人口也出现了大规模的增长，即由 2013 年的 13.6 亿增加到 2020 年的 14.2 亿，人口净增长近 6 000 万，但在经济总量大幅攀升的情况下，人均收入还是实现了快速的增长，仍按照 1990 年不变价格，由 2013 年的 12 879.11 元增加到 2020 年的 19 654.56 元，在人均收入大幅提高的作用下，汽车保有量进入了高速增长期。从图 2.6 可以看出，从 2010 年开始，也就是人均收入达到 10 000 元（1990 年不变价格）左右时，我国汽车保有量开始进入快速增长期。

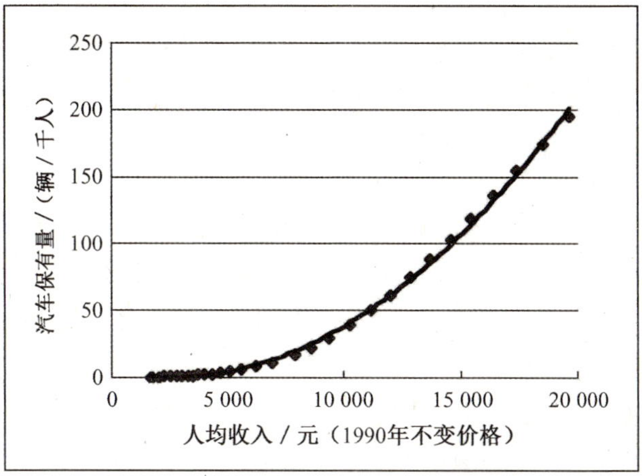

图 2.6　利用 Gompertz 函数拟合及预测的我国 1990 年至 2020 年汽车保有量情况

经济的高速增长和经济总量的不断扩大，加上人均收入水平大幅提高，在基础情景下，经济的发展必然需要以消耗大量的能源为前提，而人们生活水平的提高必然导致对能源消耗的增加，所以石油消费也延续着原有增长势头，同样出现了大幅度的提高。但实际上，按照预测数据，2020 年私人载客汽车的数量已经是 2012 年数据的三倍，如果按照粗略估计，即假设汽车对石油的消费量也由此增加三倍的话，如果不考虑其他条件的约束，显然石油的消费量将比实际预测的数值会更高。

二、能源与环境约束加剧了发展新能源汽车产业的迫切性

按照相关学者的研究及根据国家发改委能源研究所做的预测，我国每年交通对石油的消费量占总消费量的一半以上，如不采取相应的措施，在基础情景下，也就是按照自然趋势发展下去，以石油为主要燃料的汽车数量的不断增加，必然造成我国石油消费量的激增，甚至会使交通对石油消费的比重变得更高，由此必然会进一步加剧节能减排与环境保护的压力，也会提高我国石油的对外依存度，威胁我国的石油安全。而且从发达国家来看，例如目前 OECD 国家千人汽车保有量基本都在 500 左右，与之相比，我国千人汽车保有量并不算高，而且随着人们生活水平的不断提高，汽车必然有渐成必需品的趋势，控制汽车数量的发展也会十分困难。在此条件下，难以控制汽车数量就只能是通过减少汽车能耗，或改善与优化汽车能源消费结构来突破上述困境，所以，大力发展新能源汽车产业对于我国来说是必然选择。

第五节　我国新能源汽车产业发展现状及存在问题

一、我国对新能源汽车的定义

新能源又称非常规能源，是指除传统能源之外刚开发利用或正在积极研究、有待推广的各种能源，如地热能、太阳能、海洋能、风能、核聚变能和生物质能等。

从国际上来看，新能源的概念还不是很清晰，同样，关于新能源汽车世界上有各种不同定义。我国工业和信息化部2009年6月发布的《新能源汽车生产企业及产品准入管理规则》，对新能源汽车进行了强调解释。2012年发布的《节能与新能源汽车产业发展规划(2012—2020年)》对新能源汽车又有了新的定义，该规划中所指的新能源汽车是指采用新型动力系统，完全或主要依靠新型能源驱动的汽车，规划所指新能源汽车主要包括纯电动汽车(Electic Vehicle,EV)、插电式混合动力汽车(Plug - in Hybrid Electic Vehicle,PHEV)及燃料电池汽车(Fuel Cell Vehicle,FCV)。表2.8显示的是各类新能源汽车具体采用的动力系统类型、驱动方式、工作原理及基本发展现状。

表2.8　新能源汽车的类型

动力系统类型	驱动方式	工作原理	基本发展现状
插电式混合动力汽车	内燃机+电机驱动	外接电源为电池充电，电池电量充足时单独驱动电机行驶，电量不足时内燃机启动共同驱动	具备商业化条件，是当前国外发展的主流新能源车型
纯电动汽车	电池-电机组合驱动	依靠自身携带的储能电池为动力来源，依靠外接电源充电	目前在大型和小型乘用车有产品应用，代表了未来主流发展方向，但电池能量密度及续航里程受限制，发展很受影响
燃料电池汽车	电机驱动	依靠自身携带的氢、甲醇、天然气等燃料，通过电极反应发电，驱动车辆行驶	技术不成熟，成本高，是未来新能源汽车技术的代表

(一)纯电动汽车

纯电动汽车,即是一种采用单一蓄电池作为储能动力源的汽车。它利用蓄电池作为储能动力源,通过电池向电机提供电能,驱动电动机运转,从而推动汽车前进。

纯电动汽车是混合动力汽车的电力升级版,可以看作是电混合度为100%的混合动力汽车。即纯电动汽车没有内燃机,完全依赖于电池-电机组合驱动。

从驱动的角度分析,传统的内燃机由于受卡诺循环的限制,输出效率只有30%左右,这一数字根本无法与电机相提并论。

从传动的角度分析,传统的内燃机汽车的发动机在高效工作时的转速被限制在一个较窄的范围内,所以往往需要庞大的变速机构来适应这一特性。与之相比,纯电动汽车的电机却可以在较宽的转速范围内高效地产生转矩,因而大部分纯电动汽车不需要变速箱等传动部件。随着现代电机控制理论的发展,电机的调速性能以及快速响应能力已经远远高于汽车对于驱动元件的实际需求,使得车辆的性能指标大大提高,制造成本进一步降低。

从制动的角度分析,纯电动汽车可以利用电机反转发电的特性把车辆刹车时的动能转换为电能储存在动力电池中,实现能量的反复利用,而内燃机没有这一特性。

(二)插电式混合动力汽车

在传统的混合动力中,发动机的体积较大,而电动机的体积稍小,大部分时间汽车仍然依赖于发动机输出功率。作为一种过渡的解决方案,混合动力汽车、插电式混合动力汽车体现了增程(range extended)的概念,在电池电力"富裕"时,车辆可以行驶在纯电动模式下,仅由电动机独立驱动。而当电池电力"告罄"时,发动机会自动加入,车辆切换到混合动力模式继续运行。可见,如果只是短途的出行,插电式混合动力汽车完全可以单纯依靠电力供给,而不需要启动发动机。只有在动力电池的电量耗尽后,插电式混合动力汽车才会启动内燃机,与电机共同运作在混合动力模式下。

插电式混合动力汽车作为混合动力汽车向纯电动汽车的过渡方案,在保留原有混合动力汽车结构的同时,使用能量型电池(一般为锂离子电池,特点是容量较大,能提供更多的电能从而增加车辆的续航里程)替代了传统的混合动力汽车的功率型电池(一般为镍氢电池,特点是功率较大,能补偿发动机的功率不足,使发动机工作在高效率区间从而提升车辆燃油经济性),力争体现一种"燃油替代"的概念,希望通过逐步增大电能在整车消耗能量的百分比来最终达到电力替代汽油的目的,是一种相对比较有前景的折中方案。

(三)燃料电池汽车

燃料电池汽车是指以氢气、甲醇等为燃料,通过化学反应产生电流,依靠电机驱动的汽车。其电池的能量是通过氢气和氧气的化学作用,而不是经过燃烧。燃料电池的化学反应过程不会产生有害产物,因此燃料电池车辆是无污染汽车。燃料电池的能量转换效率比内燃机要高 2 ~3 倍,因此从能源的利用和环境保护方面,燃料电池汽车是一种理想的车辆。

二、我国新能源汽车产业发展现状

国际经验证明,国家政策对于产业的快速发展和市场的启动,有着极其重要的作用。新能源汽车产业化发展的直接推动力就是国家的相关扶植政策。我国在新能源汽车技术研发及产业化支持,新能源汽车准入管理,新能源汽车示范推广,税收优惠等方面推出了一系列的政策。在战略规划上,《节能与新能源汽车产业发展规划(2012—2020 年)》提出,到 2015 年,纯电动汽车和插电式混合动力汽车累计产销量力争达到 50 万辆;节能目标为 2015 年,当年生产的乘用车平均燃料消耗量降到 6.9×10^{-2} L/km(CO_2排放量为 164 g/km)。到 2020 年,纯电动汽车和插电式混合动力汽车生产能力达 200 万辆、累计产销量超过 500 万辆;燃料电池汽车、车用氢能源产业与国际同步发展。到 2020 年,当年生产的乘用车平均燃料消耗量降到 5.0×10^{-2} L/km(CO_2排放量为 119 g/km),节能型乘用车燃料消耗量降到 4.5×10^{-2} L/km(CO_2排放量为 107 g/km)。在政策的全面推动下,新能源汽车产业获得了巨大发展。

(一)我国新能源汽车产业技术现状

在国家多年研发支持下,到“十二五”期间,我国汽车行业初步掌握了新能源汽车整车动力系统平台以及关键零部件的核心技术,基本建立了“三纵三横”和“三大平台”构成的矩阵式的技术创新体系,形成了较为全面的基础研究、产品开发、试验检测和评价的能力。新能源汽车整车技术水平明显提升,关键核心技术取得了重大突破,插电式混合动力乘用车技术取得较大进展,纯电动汽车技术日益成熟,初步具备产业化条件,燃料电池汽车技术取得重要进展,关键零部件产业化技术明显提高,部分关键技术取得突破。在动力电池方面,初步具备了产品研发能力和基础生产装备设计制造能力,动力电池性能指标逐步接近国际先进水平,锂离子电池正负极材料、电解液三大关键材料实现了国产化;在驱动电机系统方面,产品主要技术指标达到国际水平,性价比在国际上具有一定优势,形成了若干家年产能达到万套级以上的驱动电机企业;在电控系统方面,初步形成了混合动力系统、纯电驱动系统的小批量生产能力,掌握了部分核心技术,部分企业形成年产 5 万套以上的生产能力。

从产品技术参数看，小型纯电动乘用车续驶里程一般为 150 km 以内，最高时速 120 km 左右，装配电池容量在 20 kW · h 时左右，大部分采用磷酸铁锂电池；紧凑型和中型纯乘用车续驶里程较长，一般为 200 ~ 300 km，最高车速也较高，一般时速在 140 km 左右，装配电池容量较大，一般为 40 ~ 65 kW · h 时，采用磷酸铁锂电池的比例也较高。

（二）我国新能源汽车产业市场现状

近几年，我国新能源汽车市场增速较快，在销量规模上，目前仅次于美国和日本，排世界第三位。

在国家一系列鼓励政策的推动下，国内汽车企业新能源汽车生产能力大大增强，新能源汽车车型数量持续增加，产品成熟度明显提高，动力电池、驱动电机及控制系统等关键零部件初步形成配套体系。市场推广初见成效，探索了多种商业推广模式，创建和丰富了新能源汽车运维服务体系。

2012 年年底，在结束了上一轮新能源汽车推广应用工作之后，四部委在对第一轮 25 个试点城市进行了验收考核并总结试点经验基础上，于 2013 年 9 月颁布了《关于继续开展新能源汽车推广工作的通知》，正式启动了新一轮推广工作。新一轮新能源汽车推广应用的城市已累计达 39 个，覆盖了中国主要的大中城市，计划推广的新能源汽车总量超过 30 万辆。

2011—2013 年主要国家新能源汽车销量，见表 2.9。

表 2.9　2011—2013 年主要国家新能源汽车销量　　单位：辆

国家	2011 年			2012 年			2013 年		
	纯电动	插电式	合计	纯电动	插电式	合计	纯电动	插电式	合计
美国	10 144	7 671	17 815	14 592	38 585	53 177	47 589	49 043	96 632
日本	13 449	0	13 449	15 943	7 241	23 184	16 661	14 122	30 783
中国	5 576	613	6 189	11 375	1 416	12 791	14 604	3 038	17 642
法国	4 012	36	4 048	9 215	225	94 40	8 260	85	8 345
挪威	2 000	0	2 000	3 945	165	4 110	7 207	89	7 296
荷兰	520	14	534	611	3 142	3 753	2 559	3 000	5 559
英国	930	0	930	1 167	522	1 689	2 464	819	3 283
德国	1 800	241	2 041	2 976	863	3 839	2 846	360	3 206
加拿大	193	275	468	436	1 288	1 724	638	1 143	1 781

表 2.9(续)

国家	2011 年			2012 年			2013 年		
	纯电动	插电式	合计	纯电动	插电式	合计	纯电动	插电式	合计
瑞典	0	0	0	264	681	945	442	1 105	1 547
瑞士	395	41	436	342	395	737	987	166	1 153
西班牙	426	8	434	614	49	663	882	73	955
意大利	296	0	296	517	100	617	826	26	852
韩国	0	0	0	548	—	548	715	—	715
丹麦	364	2	366	289	21	310	489	7	496
比利时	175	11	186	355	210	565	413	34	447
澳大利亚	49	0	49	172	80	252	188	101	289
葡萄牙	176	0	176	35	17	52	114	7	121
合计	40 505	8 912	49 417	63 396	55 000	118 396	107 884	73 218	181 102

资料来源:中国汽车技术研究中心《中国新能源汽车产业发展报告(2014)》。

2013 年国内外典型企业新能源汽车销量,如图 2.7 所示。

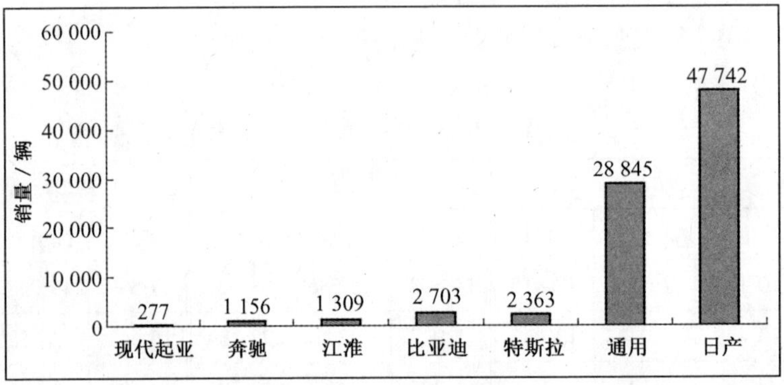

图 2.7　2013 年国内外典型企业新能源汽车销量

2013年国内外主要企业新能源汽车销量数据,见表2.10。

表2.10 2013年国内外主要企业新能源汽车销量数据 单位:辆

企业名称	纯电动汽车	插电式混合动力汽车	合计	主要车型
日产	47 742	—	47 742	Leaf,Venucia
通用	648	28 197	28 845	Volt,Ampera,Spark EV 等
特斯拉	22 370	—	22 370	Model S,Roadster
丰田	1 099	17 688	18 787	Prius PHEV,RAV4 EV,eQ 等
三菱	5 581	9 704	15 258	i – MiEV,Minicab – MiEV,Outlander 等
福特	1 749	13 243	14 992	Focus Electric, Fusion Energi, C – MAX Energi 等
比亚迪	1 556	1 147	2 703	e6,F3Dm,秦等
宝马	1 405	—	1 405	i3 等
本田	662	588	1 250	Fit EV,Accord Plug – in 等
标志雪铁龙	1 181	—	1 181	C – ZERO,iOn 等
戴姆勒	1 156	—	1 156	Smart,A 级,B 级等
现代起亚	277	—	277	Ray 等
大众	70	102	172	Up!,Panamera 等

资料来源:根据公开资料整理。

2014年1月,国务院总理李克强到西安比亚迪汽车有限公司调研纯电动汽车和研发情况。2014年5月24日,国家主席习近平在上海汽车集团考察时强调,"发展新能源汽车是我国从汽车大国迈向汽车强国的必由之路,要加大研发力度,认真研究市场,用好用活政策,开发适应各种需求的产品,使之成为一个强劲的增长点"。中央高层的高度重视,有效推动了新能源汽车推广应用工作。

国内已上市新能源乘用车车型信息,见表2.11。

表 2.11　国内已上市新能源乘用车车型信息

车型	生产企业	动力类型	（长/宽/高）/mm	轴距/mm	整备质量/kg	电池容量/(kW·h)	最高时速/(km/h)	综合工况纯电续驶里程/km	电池质保年限	市场指导价/万元	国家补贴/万元
和悦 iEV	江淮汽车	纯电动	4 190/1 650/1 445	2 400	1 200	19.2	95	160	5 年或 10×10^4km	16.98	4.75
荣威 E50	上汽	纯电动	3 569/1 551/1 540	2 305	1 080	18	120	120	5 年或 10×10^4km	23.49	3.325
赛欧 SPRINGO	上海通用	纯电动	3 947/1 690/1 503	2 465	1 385	21.4	130	130	5 年或 10×10^4km	25.8	3.325
E150EV	北汽	纯电动	3 998/1 720/1 503	2 500	1 370	24.4	125	—	5 年或 10×10^4km	22.08～23.08	—
绅宝 EV（C70GB）	北汽	纯电动	4 861/1 820/1 462	2 755	1 760	—	130	130	—	35.48	4.75
e6	比亚迪汽车	纯电动	4 560/1 822/1 630	2 830	2 360	61.4	140	300	终身保修	30.98～36.98	5.7
M1 EV	奇瑞汽车	纯电动	3 601/1 587/1 527	2 330	1 060	16.2	120	100	5 年或 10×10^4km	16.98	3.325
荣威 550 plug－in	上汽	插电式混合动力	4 648/1 827/1 479	2 705	1 699	11.8	200	56	5 年或 10×10^4km	24.88－25.98	3.325
腾势	比亚迪汽车	纯电动	4 642/1 850/1 642	2 880	2 090	47.5	150	253	5 年或 10×10^4km	36.9～39.9	5.7

表 2.11（续）

车型	生产企业	动力类型	（长/宽/高）/mm	轴距/mm	整备质量/kg	电池容量/(kW·h)	最高时速/(km/h)	综合工况纯电续驶里程/km	电池质保年限	市场指导价/万元	国家补贴/万元
秦	比亚迪汽车	插电式混合动力	4 740/1 770/1 480	2 670	1 720	13	185	70	终身保修	18.98～20.98	3.325
之诺（ZINORO）1E	华晨宝马	纯电动	4 503/1 798/1 564	2 670	1 970	24	130	150	—	短租 400 元/日，长租 7 400 元/月	—
沃蓝达（Volt）	General Motors Corporation	增程式混合动力	4 498/1 787/1 439	2 685	1 700	16	160	64	6 年或 15×10^4 km	49.98	—
Model S	Tesla Mortors	纯电动	4 978/2 189/1 435	2 959	2 100	60－85	190～210	390～502	8 年或 20×10^4 km（85 kW·h 版不限里程）	64.8～85.25	—

资料来源：中国汽车技术研究中心—中国新能源汽车产业发展报告（2014）。

从图 2.8 可见，由于我国当前发展新能源汽车产业技术路线的重点是发展纯电动汽车，所以无论从绝对数量还是从增长速度上看，近三年纯电动汽车都要优于插电式混合动力车。

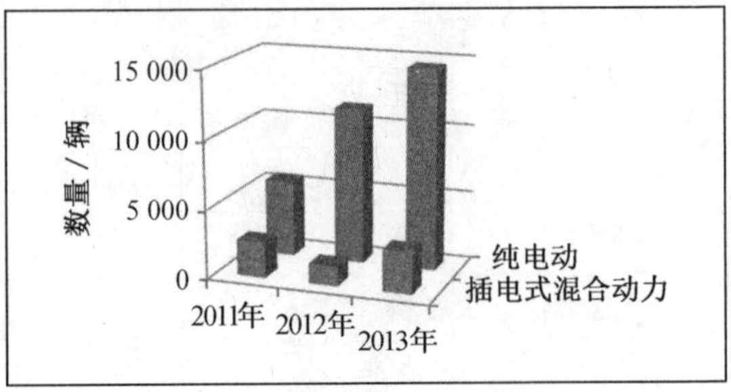

图 2.8　近三年我国新能源汽车销量情况

图 2.9 显示，2011 年，美国的新能源汽车销量与日本相当，中国的销量则比上述两国略低，但随后两年，美国的新能源汽车销量与中国和日本相比增速迅速。具体从图 2.10 的柱状图可见，美国在 2012 年，插电式混合动力汽车的增长较快，2013 年在纯电动汽车销量出现激增，而插电式汽车则在保持原有销量基础上实现小幅增长，在总体数量上远超中国和日本。进一步从新能源车型分析，中国由于受政策的导向影响，目前技术路线以发展纯电动汽车为主，所以在插电式混合动力汽车销量上增长缓慢，而美国和日本由于不同企业选择的主要技术路线存在差异，所以不同车型都在同时发展。

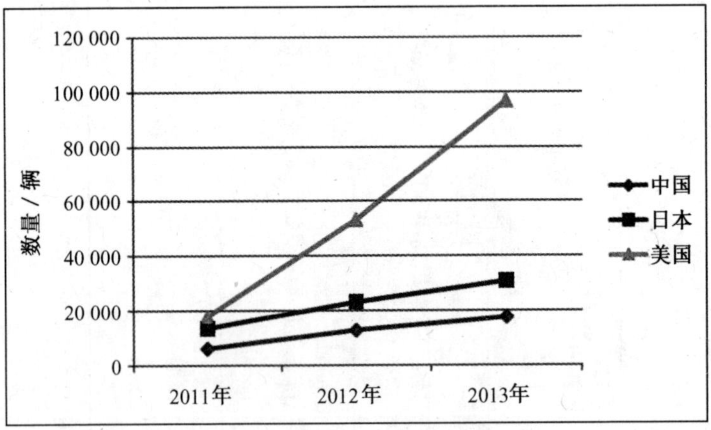

图 2.9　中国、美国、日本近三年新能源汽车销量对比

图 2.11 是根据表 2.9 绘制的世界 18 个主要国家近三年新能源汽车销量合计

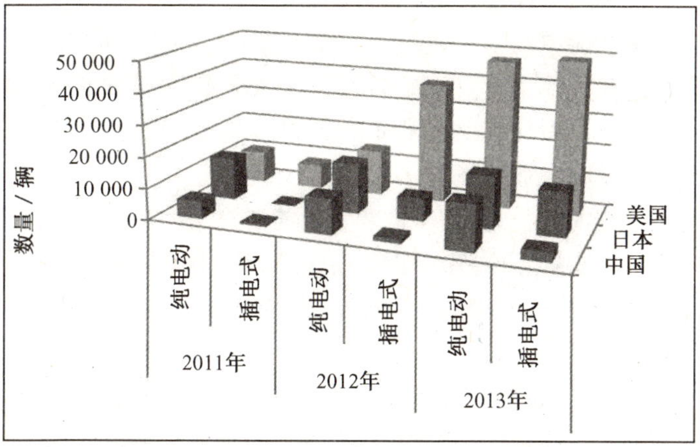

图 2.10　中国、美国、日本近三年新能源汽车销量分车型对比

情况。从图 3.8～图 3.11 可见，无论是从美国和日本，还是从世界主要国家总体情况来看，近三年新能源汽车销量增速较快，尤其是美国的增速最为明显。这也从一个侧面说明了新能源汽车是未来世界汽车产业发展的方向，特别是自 2009 哥本哈根世界气候大会后，各国政府为了履行未来碳排放目标所做出的相应承诺，都在努力发展新能源汽车产业。

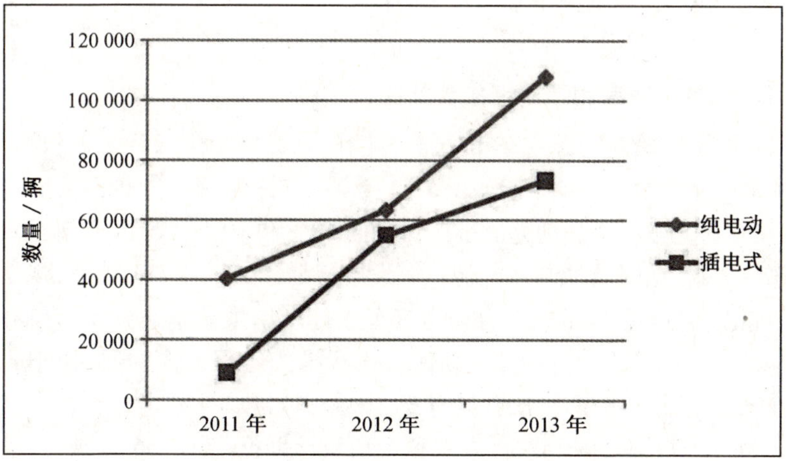

图 2.11　世界 18 个主要国家近三年新能源汽车销量合计情况

(三)我国新能源汽车基础设施现状

1. 基础设施建设取得明显进展，有效支撑了新能源汽车产业的整体运行

作为新能源汽车大范围推广应用的必要条件和物质基础，新能源汽车基础设施的建设和运营是新能源汽车产业发展过程中的重要环节。自国家节能与新能源汽车示范推广试点工作启动以来，以39个试点城市为代表的各地方政府积极规划，不断出台扶持政策，引导有关行业企业加强新能源汽车基础设施建设，着力推动新能源汽车基础设施产业的发展。

2. 建成了一批充换电设施，初步构建了新能源汽车充换电服务网络

2009年以来，以国家电网、南方电网、中国普天为主要代表的基础设施建设企业，抓住了新能源汽车快速发展的有利时机，组织开展了一系列新能源汽车充换电设施的研发与实践工作，并取得了一定的成果。截至2013年年底，全国累计建成充（换）电站492座，各类充电桩2.3万个（含站内充电桩），初步构建了新能源汽车充换电服务网络，基本满足了新能源汽车推广初期的充换电需求。

3. 各地因地制宜地发展基础设施产业，不断推进新能源汽车的推广应用

各试点城市结合本地实际，因地制宜地推进新能源汽车配套设施建设，其中合肥、杭州、深圳等城市较为典型。合肥是慢速充电模式的典型代表，合肥市几乎所有的公交车、出租车、私人购买车辆均利用慢速充电桩补给电能；杭州是换电模式的典型代表，国家电网在杭州建设的新能源汽车基础设施以换电为主，以充电桩为辅；深圳是快速充电模式的典型代表，截至2012年底，深圳共建成了82座快速充电站。充电方式的多样化，有利于促进新能源汽车的普及。试点城市的有力实践，必将在很大程度上为其他城市甚至全国的新能源汽车基础设施建设提供有益的借鉴和参考。

（四）市场推广速度和消费者接受状况

我国开展了几轮新能源汽车市场推广工作，从政策上给予优惠和扶持，促进了新能源汽车产业的发展，如在2009—2012年第一轮推广中，公共领域推广2.5万辆，私人领域0.54万辆，分别完成推广目标的60%和10%。2012年7月由工业和信息化部牵头制定的《节能与新能源汽车发展规划（2011—2020年）》，规划提出到2015年，纯电动汽车和插电式混合动力汽车累计产销量力争达到50万辆的目标，自2013年9月颁布《关于继续开展新能源汽车推广应用工作的通知》正式确认第二批次推广工作后，目前两批次共计有39个城市或区域计划推广新能源汽车总量超过30万辆，而且从具体领域看，未来私人领域计划推广12.36万辆，占推广总量的38.06%，虽然比例有所上升，但未来新能源汽车真正获得发展的标志还是在私人领域的普及，这也从另一侧面说明我国新能源汽车市场消费者接受度还是比较低。近年来我国新能源汽车销量增长较快，但市场规模仍然较小，例如，我国2013年汽车总销量为2 198.41万辆，而2013年我国新能源汽车销量仅为1.76万辆，占总体汽车市场的比例约为0.08%。

图 2.12 显示的是目前我国新能源汽车推广应用城市公共及私人领域计划推广数量情况。此图一方面表明我国新能源汽车市场发展前景广阔，另一方面也说明我国新能源汽车对消费者而言接受度较低。

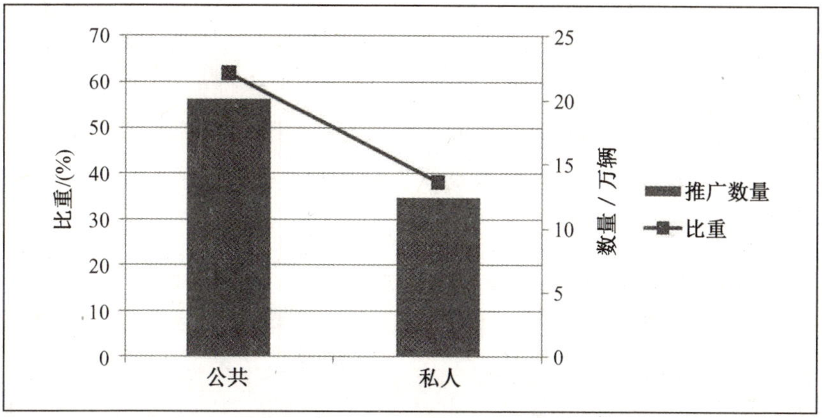

图 2.12 目前我国新能源汽车推广应用城市公共及私人领域计划推广数量情况

三、我国新能源汽车产业发展存在的问题

目前，我国已经成为汽车生产大国，但还不是汽车强国。我国新能源汽车产业虽然取得积极进展，但总体上仍处于起步阶段，与国外差距依然明显。我国新能源汽车产业既有技术不成熟、产品成本居高不下、市场尚未大规模启动等国际共性问题，也存在由于汽车工业整体创新能力弱、企业投入不足、消费环境有待改善等导致的特定问题。

（一）政策环境有待优化

新能源汽车实现产业化需要一个漫长的发展过程，政府政策的制定将直接影响到整个产业的发展。目前，我国新能源汽车产业政策还不够完善，亟须进一步改进，主要表现为以下几点：

1. 政策的持续性和及时性难以保证，未形成长期稳定的激励和约束机制

受众多因素影响，目前我国新能源汽车产业相关政策的持续性和及时性严重不足。其中最明显的当属示范推广政策，根据计划，示范推广工作已于 2012 年底结束，但直到 2013 年 9 月才出台新的示范推广方案，这段政策的真空期也未明确是否继续实施相关工作，导致地方政府和相关企业在相当长一段时间内持观望态度，搁置相关新能源汽车推广和生产计划，产业发展步伐明显放缓。

2. 税收政策未充分发挥杠杆调节作用和引导作用，新能源汽车购置成本仍

较高

目前新能源汽车产业仍处于导入期,税收政策对产业发展影响极大。

3. 配套管理体系仍不健全,地方保护主义倾向较为严重

虽然目前已经形成了比较完善的政策体系,但配套管理体系仍然不健全,如充电等设施建设还未进行统一的统筹规划,动力电池回收利用管理体系也仍未建立,人才培育和引进的政策支持力度有待提升等。同时,隐性的地方保护主义倾向严重,部分城市通过出台本地特色的新能源汽车准入条件,限制外地车企进入,以保护地方企业,不利于新能源汽车市场的发展壮大。

(二)核心技术水平仍待提升

我国新能源汽车研发起步较早,发展较快,我们沿着传统技术路线追赶,付出了巨大努力,但由于传统汽车及相关产业基础相对薄弱、投入不足,差距仍在。我国新能源汽车从"组装"开始起步,在核心关键部件与技术等方面相当匮乏。已开发的整车产品在可靠性、安全性和节能减排指标等方面与国外先进产品差距较大;专用底盘开发、主要总成匹配、电磁兼容等共性技术方面,还有待进一步提高。目前,我国新能源汽车在电池系统集成技术、大规模生产工艺设计、生产过程质量和成本控制等方面,与国外先进水平仍有较大差距。动力电池隔膜、驱动电机高速轴承和控制系统用电子元器件等核心部件及关键技术仍较为欠缺。一是动力电池及关键原材料部分关键生产设备和试验检测仪器依赖进口;二是我国高质量动力电池正极材料产品依然需要从国外进口,高端动力电池隔膜的国产化率较低;三是电机及电控系统用电子元器件尽管已有部分企业开始研发生产,但远没有形成规模化生产,IGBT(绝缘栅双极型晶体管)基本依赖进口。

目前,国家和企业在新能源汽车领域的投入依然不足,尚未形成较为完善的技术创新体系。目前,我国新能源汽车研发经费总量与比例均较低,研究与开发类型也主要集中在试验性发展领域,而在基础研究和应用研究方面,尚处于研究与开发活动的改进型研究阶段,缺乏原创性的基础研究和应用研究,因此落后于发达国家。

企业新能源汽车研发仍然较为松散,重复性、低水平研发现象仍普遍存在,骨干汽车企业新能源产品研发方面滞后,产品处于产业化初期阶段;中央及地方层面的新能源汽车技术创新联盟仍缺少实质性的研发合作。

(三)技术标准体系仍待完善

新能源汽车是发展中的新兴产业。各生产企业采用的技术路线各不相同,无法用传统的标准来进行评价。尽管我国近些年已经出台了一系列有关新能源汽车方面的技术和行业标准,但由于产业处于发展前期,技术路线还不成熟,很多标准

的产生还涉及不同利益相关者间的博弈，导致一些关键的标准迟迟不能出台，现有的标准间配套性也较差，标准之间缺少整体上的规划，没有统一标准和具体鼓励政策，各新能源汽车参与主体就会因缺乏具体的工作指导而无所适从，因为标准的不确定性会严重损害各方的积极性，也会错失良好的发展机遇。目前，我国各地和各汽车制造企业，发展新能源汽车的积极性很高，但技术标准不统一，缺乏技术规范，已经成为制约我国新能源汽车产业发展的瓶颈。

(四)产业竞争力较弱

我国新能源汽车产业基础竞争力相对薄弱，主要表现为：产学研合作能力结合不够紧密，科技创新和基础研究能力相对较弱，缺乏新能源汽车认知度。

在产业发展支持力方面，与发达国家相比仍具有一定差距，如我国现在有效的电动汽车标准为 58 项，美国 SAE 电动标准有 95 项。在产业化服务平台、零部件及相关产业发展基础、原材料产业发展水平方面与其他国家也有很大不足，如在电池方面，缺乏具有快速充电和深度放电、高比功率、高比能量性能；在原材料方面，我国目前部分关键原材料还是来源于日本和美国，以隔膜为例，中国每年的需求量为 $3\times10^{8}\sim5\times10^{8}$ m^2，超过 60% 需要进口。

产品竞争力方面，整车和动力系统安全性、可靠性较低，生产质量和技术先进性等方面与国外先进水平仍有较大差距。在补贴前汽车的购置成本比传统汽车普遍高出 1 倍多，综合成本优势也不明显。车辆续驶里程方面，我国无论是插电式混合动力还是纯电动乘用车续驶里程都明显低于国外主流产品，平均电耗量也明显高于国外同类产品。

在销量方面，虽然目前我国新能源汽车销量仅次于美国和日本，排在世界第三位，但从实际销量数据对比来看，与美国、日本差距还十分明显。

(五)基础设施不健全

基础设施建设是新能源汽车未来得以大规模应用的必要前提，新能源汽车在城市中大规模运行需要大量的公用基础充电设施做保障，必须建设大量的公共基础设施才能保障新能源汽车的产业化和市场化，各国都在努力加大基础设施建设的力度。由于受技术和成本等限制以及政策方面的原因，我国在新能源汽车基础设施建设方面还有很多不足。以充电设施为例，截至 2013 年年底，全国累计建成充(换)电站 492 座，而据美国能源部统计，截至 2014 年 5 月底，美国已经建成充电站 9 857 座，而同期我国已建成的充电站仅为 600 座左右。

建设充电设施不但需要巨大的资金投入，而且需要在现有城市架构内征用大片土地，这对于土地资源越来越紧缺的城市来说，将面临着巨大挑战。基础设施成本高，收益低成为电动汽车基础设施建设的重要制约因素。由于当前充电设备仍处于起步阶段,不仅充电设备生产规模小,技术研发费用也需分摊到设备成本中。建设小规模的充电设施也需要巨额的投入,如果考虑到土地费用,充电站建设所需的投资将更加庞大。未来,即使充电建设规模的扩大和设备成本的下降有望减少建设成本,但对基础设施方来说仍是面临不小的挑战。由于新能源汽车充电等设施建设需要解决很多技术难题,如与现有电力系统接合问题、端口匹配问题、计量设备改装问题等。因此,在基础设施建设上,新能源汽车普及面临的问题远远超过了传统汽车。

第六节　本 章 小 结

本章利用 GM(1,1)和 Gompertz 模型分别对我国未来几年直至 2020 年的石油消费量和汽车保有量进行了预测。预测结果表明,在基础情景之下,也就是按照自然趋势发展下去,我国的石油消费量和汽车保有量将出现双激增的现象。由此,将对我国节能减排和环境保护带来更大的压力,而且在难以控制汽车数量发展的前提下,从长远来看,发展新能源汽车对于我国来说是必然选择。本章对我国新能源汽车产业发展现状及存在的问题也进行了分析总结,进一步说明了我国发展新能源汽车产业的紧迫性。

第三章　新能源汽车产业风险形成机理及风险识别与评价研究框架

第一节　新能源汽车产业的特征及风险含义的界定

一、新能源汽车产业的特征

(一)技术密集性

新能源汽车属于新兴产业,所谓新兴,其中最重要的特征是采用了新兴技术。从一定意义上来讲,新能源汽车是传统汽车的升级换代,但在很多方面都有待原始创新,不是简单的替代过去,而是技术的创新和跨越。发展汽车产业需要具有庞大的、高精尖的技术系统作为支撑,新能源汽车除了包含传统能源汽车的技术系统的大部分以外,在控制系统、电池技术、整车系统上还有许多全新的内容。例如,在控制系统方面,需要开发全新的电控单元,用以控制发动机与电动机或其他动力系统的输出功率比例,设计与新能源汽车系统相适应的控制策略,以实现最佳的燃油经济性,最低的污染物排放量,最好的驱动性能和最低的系统成本这四大目标;在电池技术方面,包含安全性、能量密度、功率密度、使用寿命、充电时间等很多需要攻关的技术指标。此外,由于新能源汽车能量或燃料加注方式发生了颠覆性变化,需要攻关诸多满足新型能源储运、站场布局、降低加注时间等关键技术。同时,完善新能源汽车技术系统还需要依赖很多外围技术的持续创新,如材料提纯、新型材料开发、输配电技术等的持续创新。

(二)资金密集性

与传统汽车相比,新能源汽车的研发尚处在试验探索阶段,要实现产业化,需要后期开展一系列的技术攻关、基础设施建设以及进行示范推广等工作,这些都需要大量的资金作为保证。由于与传统汽车原理上的巨大差异,整车制造一般也需要建立全新的平台,新能源汽车项目仅前期投入往往就需要几十个亿的资金规模,而且不像传统汽车,新能源汽车的商业模式和运维体系全部需要重新建立,如充电设施建设,维护站场建设都需要大量的资金投入。此外,由于新能源汽车产业市场正处于培育阶段,营利能力极低,需要通过对新能源汽车市场的补贴来进行推广普及,这也需要政府或车企投入巨额的资金。

(三)战略性

坚定的国家意志和稳定的政府支持是新兴产业发展的有力保障。新能源汽车产业属于战略性新兴产业,对于带动经济社会发展、提升国家竞争实力具有重大意义。主要国家都将新兴产业的发展明确为国家战略,从实际经济结构转型、塑造未来竞争优势的高度进行超前布局与支持,充分体现了国家意志,发展新能源汽车产业是我国从汽车大国迈向汽车强国的必由之路。

在国家对环境和形势作出一系列正确判断的基础上,确定若干产业为重点扶持和发展的产业,并提到了战略的高度。新能源汽车产业将被逐渐培育为国家或区域经济中起主导作用的产业之一。

(四)高风险性

由于新能源汽车产业发展处于萌芽和起步阶段,在技术、市场、产业安全、政策等方面具有高度的不确定性。

由于产业处于科学技术发展前沿,从技术原理的构思到技术开发的组织实施过程中,有些相关技术可能尚未发展成熟,技术开发存在难以预料的不确定性;产业的产品市场可变因素多,在市场接受能力、市场接受时间、新产品的市场容量、产品的竞争能力、市场配套体系上都存在不确定性因素,这必然会给新能源汽车产业带来较大的市场风险;由于面临着国际竞争和各类如技术、贸易等壁垒,并且由于自身成长缓慢引致产业竞争力不强或产业控制力弱,都会面临重大的产业安全问题;因政府法律、法规、政策、管理体制、规划的变动、税率、利率变化或行业专项整治、双边或多边贸易摩擦、经济周期因素等造成的影响,都会给产业带来不确定性。

(五)高竞争性

包括新能源汽车产业在内,我国目前所确立的七大战略性新兴产业虽然与其他国家或地区所确立的未来将要重点发展的产业提法不同,但在经济全球化背景下,基于人类共同利益和未来发展趋势的判断,各国在这些产业的选择上具有高度的相似性。这种相似性一方面为合作提供了基础,另一方面更意味着高度的竞争。各国都会尽全力发挥自身的资源、技术优势或后发优势,并利用国际规则发展自己的新能源汽车产业,争取在未来的竞争中占据主动。这就意味着,新能源汽车必然是一个高竞争性的产业。

(六)低碳环保性

插电式混合动力汽车可以外部充电,可以用纯电模式行驶,电池电量耗尽后再以混合动力模式(以内燃机为主)行驶,并适时向电池充电。由于采用了两种模式，并根据工况适时转换，实现了大幅度节油的目的，减少有害气体对环境排放，而纯电动汽车和燃料电池汽车则基本实现了零排放。环保、低碳、绿色，这是全人类共同努力奋斗的目标，客观上要求全球汽车业发生根本性的变化，新能源汽车带来的新的汽车文明将成为生态文明的重要组成部分。

发展新能源汽车，目的就是要应对日益突显的能源短缺和环境污染问题。随着汽车数量的不断增加，汽车对石油的消耗量和比重越来越大，如果不改变汽车能源消费结构，石油能源危机将愈演愈烈，而且石油资源本身为不可再生资源，也面临即将枯竭的问题。与此同时，传统能源汽车对环境造成的污染也越来越严重，节能减排成为世界普遍关注的问题。所以发展新能源汽车成为世界各国汽车工业发展的新能方向，是解决能源与环境问题的重要途径。

新能源汽车产业与传统汽车产业的区别，见表3.1。

表3.1 新能源汽车产业与传统汽车产业的区别

对比项目	新能源汽车产业	传统汽车产业
技术特点	采用全新的能源、驱动和控制技术，采用的是新兴技术	传统燃料和驱动技术，并在此前提做技术的改进与创新
发展阶段	处于产业生命周期前段	处于成长期或成熟期
战略地位	国家确立为战略性新兴产业之一，并努力打造为先导产业和未来支柱产业	是新能源汽车产业发展的基础，需按新能源汽车产业发展要求做出调整
风险特点	产业处于萌芽期，时刻处于变化中，影响因素间的关系更为复杂、受偶然因素的影响更大，利益相关者的预期与决策对产业的发展有更大的影响，具有更大的不确定性	产业发展已经相对成熟，影响因素及关系便于测量、分析，受偶然因素影响小，不确定性较小
研究方法	由于数据缺乏，无法运用传统的预测方法，宜于采用未来分析的方法和利益相关者分析相结合的方法	有丰富的历史材料和数据，通过趋势外延、类比、回归等预测、了解未来，未来具有可预测性，至少在某种程度上是这样的

二、新能源汽车产业风险含义的界定

学术界对风险内涵的讨论具有如下代表性的类型：

（一）不确定性

Hardy，Rosen bloom，Crane 以及英国项目管理联合会等群体认为，风险是与费用、损失或损害相关的不确定性。

（二）客观体现的不确定性

美国学者 C. Arthur Wiiliams 和 R. M. Hens 于 1964 年发表著作认为，在给定情况和特定时间内，对于可能发生的结果间的差异，若有多种可能结果，则有风险，且差异越大，风险越大。这一观点强调了风险的客观存在。

（三）可测定的不确定性

美国经济学家 F. H. 奈特在威雷特有关风险理论的基础之上进一步对风险与不确定性进行了明确的区分，指出一个事件的状态概率如果可以测定，则视其为风险事件。

Yates 和 Stone 于 1992 年提出风险的三因素模型，三因素分别为潜在的损失、损失的大小、潜在损失发生的不确定性。这从本质上反映了风险的基本内涵，为现代风险理论的形成设立了基本框架。

1964 年，美国学者威廉和汉斯把人的主观因素引入到风险分析之中，认为风险虽然是客观的，对同一环境中的任何人都是以同样的程度存在，但不确定性的程度则是风险分析者的主观判断，不同的人对同一风险的认识可能不同。

风险管理是社会组织或者个人用以降低风险的消极结果的决策过程，通过风险识别、风险估测、风险评价，并在此基础上选择与优化组合各种风险管理技术，对风险实施有效控制和妥善处理风险所致损失的后果，从而以最小的成本收获最大的安全保障。风险管理含义的具体内容包括：风险管理的对象是风险；风险管理的主体可以是任何组织和个人，包括个人、家庭、组织（营利性组织和非营利性组织）；风险管理的过程包括风险识别、风险估测、风险评价、选择风险管理技术和评估风险管理效果等；风险管理的基本目标是以最小的成本收获最大的安全保障。

虽然“产业风险”一词在现实的经济活动中使用率很频繁，但却很少有对其进行概念界定的文献。张立认为产业风险是指在开放条件下，一国产业由于政策、环境等外在条件的变化，以及国外产业冲击，而导致该国产业的发展受到阻碍或失去控制。

周新生认为产业风险是指从事某一行业的损失的不确定性。

根据 The Research Council of Norway 对产业风险（industry risk）内涵的诠释，所谓产业风险是指对于产品设计、生产、销售以及外在环境的不确定。

余佳认为产业风险是在全球化市场竞争环境中，产业发展由于技术、市场、政策等因素影响遭受损失、伤害、不利或毁灭的可能性。

关于新能源汽车产业风险，目前并没有明确的定义，从现有的文献来看，一般都是从风险的类型、表现或特征描述风险。本书认为，由于产业是社会分工的产物，产业的成长或发展是人类有意识改造世界的活动，是人与自然有机的交互过程，产业既具有自然属性，同时也具有社会属性，所以在定义新能源汽车产业风险时，也要兼具产业的自然属性和社会属性。综合相关文献，本书对新能源汽车产业风险定义如下：一国或一个地区在开始发展新能源汽车产业时，在众多利益相关者的参与下，产业由于基础条件、自身能力的限制，在受到来自各种风险源的影响及其关键风险要素的作用下，导致产业发展缓慢、发展停滞或产业走向衰退的不确定性。

第二节 新能源汽车产业风险形成机理

现有文献对产业风险产生机理的研究很少，而具体对新能源汽车产业风险产生机理研究的文献尚没有发现。对产业集群风险产生机理相对有一些研究，如周雄飞、聂振飞、黄河等。程蓉和张剑光介绍了汽车产业集群风险的形成机理，他们的研究角度与上述研究类似，即从内生性和外生性对汽车产业集群的风险进行了分类。梁展凡和袁泽沛从复杂系统理论视角出发，在介绍项目群的概念、要素和类型基础上，解释了项目群互动的演化机理和互动结构关系，分析研究项目群管理中存在的互动风险问题。

按照风险产生的范围，可以将新能源汽车产业风险分为内生性风险和外生性风险。本书在借鉴相关文献研究成果的基础上，分别从内生性和外生性两个维度分析了新能源汽车产业风险产生的机理。

一、新能源汽车产业内生性风险形成机理

内生性风险是新能源汽车产业风险的内因所导致的，内生性风险的大小某种程度上体现了新能源汽车产业素质的高低。产业的素质可以从物质和组织两个层面进行分析。物质层面，表现为产业的自身基础及能力，如原材料、技术、设备、工艺、人力资源等的数量和质量情况；组织层面，则表现为对上述物质内容的管理与组织情况，与相对处于稳态的社会因素如政治、经济、文化等直接相关，这些因素已经内化为产业的一种精神特质，深刻地影响产业的发展和产业抵御风险的能力。

当自身发展能力不足或存在某种管理上的缺陷就会产生风险。相对外生性风险，内生性风险更易把握与控制，可预见性更强，因果关系相对清晰。

内生性风险包括基础性、结构性和网络性三类。

(一)基础性风险及形成机理

一个产业的发展,归根结底是与一个国家或地区的产业基础直接相关的。而产业基础与产业发展的先天因素和现实因素密切相关。所以,新能源汽车产业基础性风险可以理解为:由于新能源汽车产业发展的基础状况差异所导致的风险。当有良好的产业基础时,则产业抵御风险的能力就强;反之,抵御风险的能力就弱。

先天因素是与先天禀赋直接相关的因素,体现了产业可能的先天素质和成长潜能。如一国的资源禀赋、基础研究状况、整体技术水平、技术储备状况、人力资源水平、管理水平、市场容量、文化发展、经济水平和国际关系状况等。该类因素的特点是较为稳定,随时间的变化也较为缓慢,变化的路径也易于把握。如果一国或地区发展新能源汽车产业的先天因素存在不足,则对产业现实能力的支撑就可能不足,进而容易形成基础性风险。

现实能力即由先天因素决定的并与发展新能源汽车产业直接相关的一系列能力构成,这种能力与传统汽车产业发展状况直接相关,如汽车产业的创新能力、人才状况、管理能力、营销能力、生产能力等。现实能力一方面受产业先天因素的决定,同时与自身的发展有更为直接的关系,例如,即使先天因素相近的国家,由于发展汽车产业的先后不同,现实能力必然也会有差异。如果现实能力较弱,则导致风险的可能性也较大。基础性风险形成的机理如图 3.1 所示。

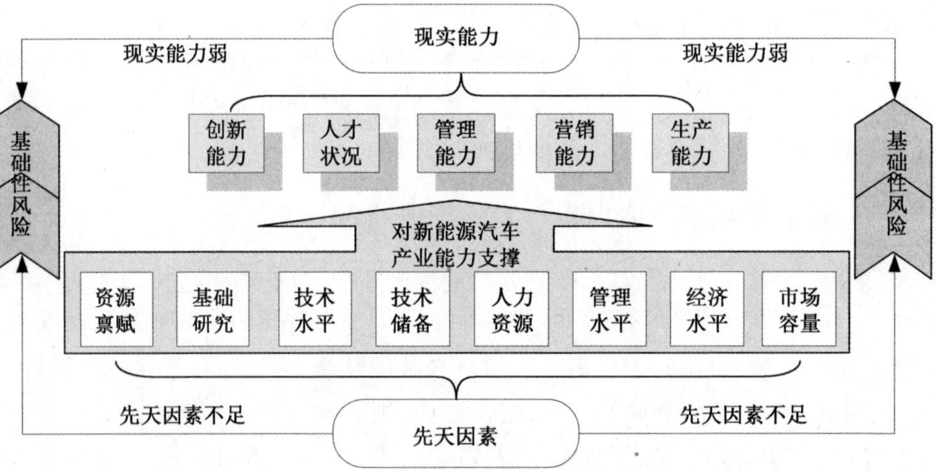

图 3.1　基础性风险形成的机理

(二)结构性风险及形成机理

新能源汽车产业结构性风险可以理解为:在静态情况下观察产业时,产业的不同规模企业构成情况、产业链结构、原材料、人力资源等构成结构因素可能导致的风险。如产业存在垄断或国有企业过于强大而民营企业过于弱小,就可能会影响创新的积极性;从另一方面分析,如果产业没有核心企业,或市场集中度低,则有可能会造成资源过于分散,不利于产业国际竞争力的培育;如果由于原材料的限制,使产业锁定在某种资源或产业链依据这种资源而构建,产品品种单一,一旦面临替代风险时,整个产业链都会面临被替代的风险。在产业的布局上,新能源汽车产业本应根据各区域产业发展基础、市场分布特点、贸易便利性等因素,会有一个合理的产业布局,但现实中却可能出现产业同构化和碎片化现象。例如,我国各省本应结合当地实际情况慎重选择是否将新能源汽车产业作为发展重点,但在实际操作中,许多地方政府由于担心失去发展机会,在没有经过充分论证的情况下,仅仅凭借主观感觉就作出选择,结果一哄而上,形成了各省新能源汽车产业同构化和碎片化发展的现象,而且为了维护地区间竞争的地位,极易造成地方保护主义倾向。结构性风险形成机理如图 3.2 所示。

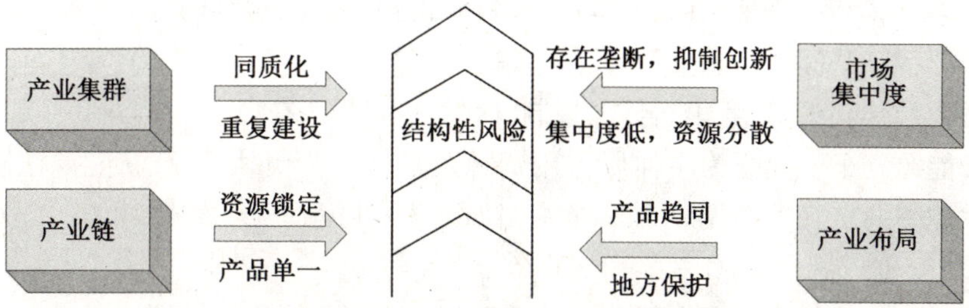

图 3.2　结构性风险形成机理

(三)网络性风险及其形成机理

瑞典的哈堪森和斯涅何塔,提出了影响网络组织结构基本变量和网络构成关系,在这一模式中,主要从网络间主体关系、主体间交互活动以及主体间资源依赖三个角度分析风险产生的原因。如图 3.3 所示,新能源汽车产业网络性风险可以理解为在由主体、资源、行为所构成的网络中,因产业处于发展初期,资本、技术、信息、人才和物资资源的缺乏,在主体 - 资源 - 交互过程中,造成了信息不对称、对未来预期的不确定性等问题,同时,在相关主体的博弈过程中,会出现不正当竞争,对政策的过度依赖,以及不完全契约、道德风险、机会主义和偷懒行为等给产业带来的危害。在新能源汽车产业中,主体,资源和行为主要内容如下。

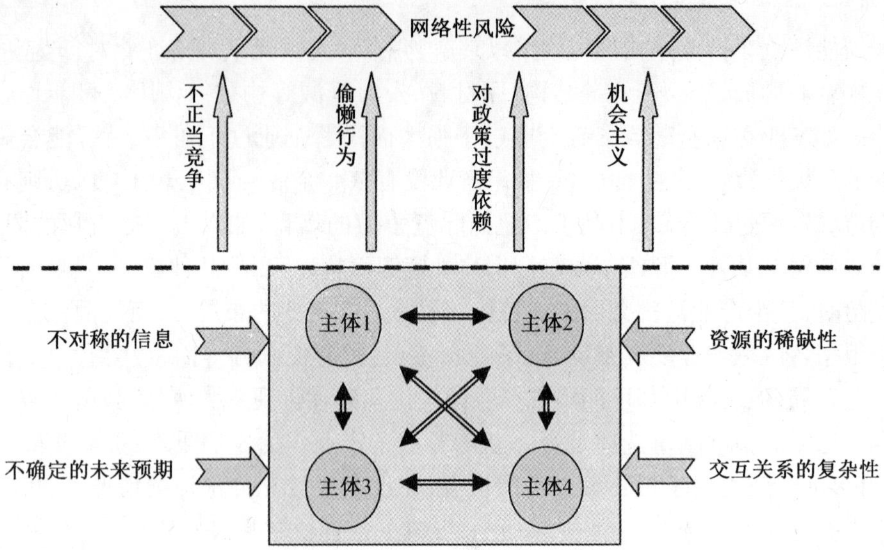

图3.3　网络性风险形成机理

主体:消费者、整车厂商、配套厂商、科研机构、政府、运维商。

资源:基础资源、信息资源、政策资源。

行为:预期、买卖、竞争、合作、规制、研发。

新能源汽车产业行为主体所占用资源及具体行为见表3.2,新能源汽车产业行为主体间的交互关系见表3.3,示意图如图3.4所示。

表3.2　新能源汽车产业行为主体所占用资源及具体行为

行为主体名称	行为主体具体内容	占用资源	具体行为
消费者	既包括正在使用新能源汽车的消费者,也包括潜在消费者	信息资源、政策资源	购买决策、争取政策支持、交流信息、信息反馈
整车厂商	各类新能源汽车厂商	基础资源(资本、专用技术、人力、原材料及传统汽车所用资源)、信息资源、政策资源	开展研发、整车制造、汽车销售、争取政策支持、与其他厂商竞争,根据预期进行决策

表 3.2(续)

行为主体名称	行为主体具体内容	占用资源	具体行为
配套厂商	电池、驱动电机、动力管控单元开发、传统零部件厂商等	能源材料(氢气、醇、汽油等),专用材料(铂、锂、镍、稀土等)信息资源(含技术专利等)、政策资源	开展研发、配套产品销售、争取政策支持、与其他主体开展合作,与其他厂商竞争,根据预期进行决策
科研机构	研究院、咨询机构、高校等	信息资源、政策资源	开展研发、售卖技术、信息搜集、信息加工、信息咨询、争取政策支持、与其他主体开展合作,根据预期进行决策
政府	中央及不同地域政府,各类部门	政策资源	制定行业准入规则、制定产业鼓励政策(补贴、税收等)、地方保护、相关规制;根据预期进行决策
运维商	充电服务商或电池运营商、维修服务商、电力企业等	土地、信息资源、基础资源、政策资源	充电服务、与电池厂商或整车厂商开展合作、汽车售后服务、争取政策支持、根据预期进行决策

表 3.3　新能源汽车产业行为主体间的交互关系

	消费者 2	汽车厂商 2	配套厂商 2	科研机构 2	政府 2	运维商 2
消费者 1	信息关系	买卖关系	买卖关系	信息关系	政策规制	买卖关系
汽车厂商 1	买卖关系	竞争关系	合作关系	合作关系	政策规制	合作关系
配套厂商 1	买卖关系	合作关系	竞争关系	合作关系	政策规制	合作关系
科研机构 1	信息关系	合作关系	合作关系	竞合关系	政策规制	合作关系
政府 1	政策规制	政策规制	政策规制	政策规制	协作竞争	政策规制
运维商 1	买卖关系	合作关系	合作关系	合作关系	政策规制	竞争关系

由于政策、技术条件或资源条件限制,使新能源汽车产业内部的企业锁定在某一种资源和某一种行为从而缺乏创新,造成产品同质化倾向;或者由于我国在新能源汽车关键技术领域相对落后,使众多企业选择了相近的、相对落后的技术解决方

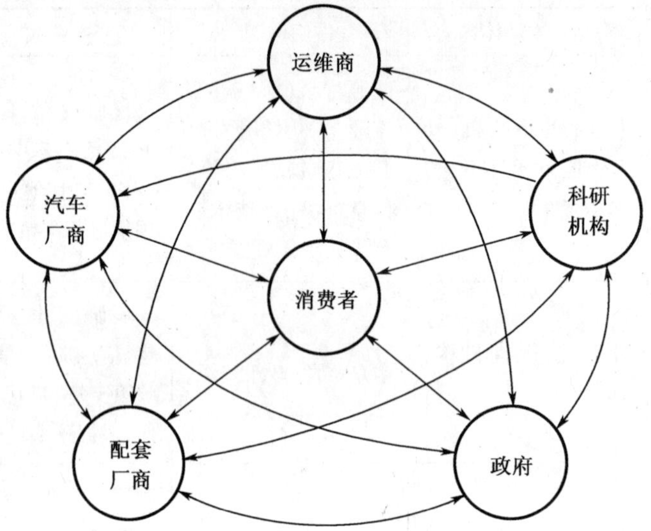

图 3.4　新能源汽车产业行为主体间的交互关系示意图

案，造成了新能源汽车产品技术水平不高。资源的锁定和产品同质化会导致不正当竞争；由于政府相关产业扶持政策所规定的新能源汽车准入规则和补贴规则，一些企业为了套取政策利益，自身不愿意投入资源进行自主创新；一些机会主义者追求短期效益的行为可能会给产业造成伤害。而且不同地方政府出于自身利益考虑，会造成新能源汽车市场条块分割，资源过度分散，以及资源不能有序流动，对产业发展带来巨大的伤害。

同时，在主体间的交互活动中，各个主体通过综合与整理有关信息，逐渐形成了对新能源汽车产业的认知，如消费者对新能源汽车安全性的认知、全寿命成本的认知、使用便利性的认知。尤其是当产业处于起步阶段时，主体更会主动地去建立一种对产业未来发展的预期，尤其是关注政府进一步的政策，从而根据预期进行下一步的决策，如是否购买？是否继续投入资源？是否需要调整战略？采取观望还是跟进策略等。所以，在新能源汽车产业处于萌芽期时，各行为主体的预期对产业发展具有重要的影响，而在我国，政策对人们预期的调整具有重大的作用，由此引发的风险也尤其值得关注。

如果将新能源汽车产业比作人的机体，基础可以比作人的机体的先天素质，先天素质好，则抵御风险的能力就强；结构可以比作人体机能构成要素的比例关系，要素构成合理，协调性好，则抵御风险的能力就强；网络则可比作人体机能构成要素的交互关系，交互关系中以具体的物质（食物、空气、血液、神经信息等）作为媒介，各个系统（消化、呼吸、循环、神经等）运转良好，相互协调则抵御风险的能力就强。

二、新能源汽车产业外生性风险形成机理

外生性风险来源于产业的外部，外生性风险根源于新能源汽车产业所处环境的复杂性与不确定性，如技术的突变、经济周期、外部竞争、政策或法律风险等。

外生性风险更具偶然性和不可预见性。由于环境的复杂性和人们认识能力的有限性，使得外生性风险的因果关系表现得很不明确，这些外部力量的冲击会对新能源汽车产业发展带来巨大和难以估量的不确定性。外生性风险具有影响范围广、偶然性与突发性等特点，而且外生性风险难以控制，一般只能是在提前对各种可能性预判的基础上，事先做出相应的应对预案。

环境变化本身并不能产生风险，环境因素必须通过作用于产业，对产业施加影响才可能导致风险。所以本书在分析外生性风险形成机理时，采用了外部因素与内部因素相互关系的视角。如图 3.5 所示，由于外部环境的变化，改变了产业相对处于稳定的内部环境，从而对产业带来冲击，进而导致风险。

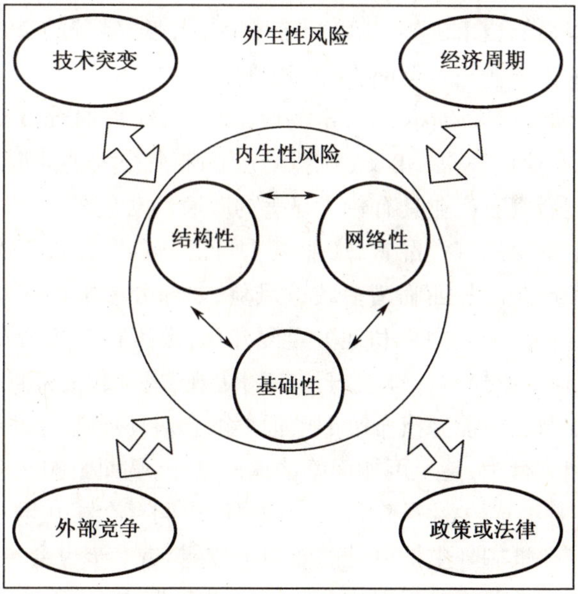

图 3.5 新能源汽车产业外生性风险形成机理

技术突变风险是由于技术出现了跃迁或出现了全新的颠覆性技术而可能淘汰原有技术从而对产业产生的风险。当技术沿着非线性路径演进时，技术进步则主

要表现为突变的、跃迁的、非连续的过程。多西(Dosi)提出了技术范式的概念,他将技术演进划分为范式内技术演进和范式转换过程中的技术演进两个阶段,分别对应于技术演进的线性和非线性两个阶段。技术革命导致技术突破,从而诱发产业技术范式的转变,进入技术演进的混沌区,最终形成新的技术范式。由于新能源汽车属于新兴产业,采用的新兴技术也正处于研发阶段,技术的突变导致新能源汽车产业技术系统的稳态和发展规律被打破,这就需要重新建立一种平衡,甚至是对原有技术系统的颠覆。

经济周期风险是一种突发的、不能人为控制的、由外部经济周期性波动等原因造成的风险。周期波动是世界经济发展过程中常见的现象,它表现为经济周而复始地由扩张到紧缩的不断循环运动。改革开放以来,我国经济快速发展,已经取得了巨大成就。但是,不可否认,我国经济增长在年度间的波动仍然比较频繁和剧烈。由于经济发展处于低迷状态,经济发展缺乏动力,人们的购买力低下,预期降低,会严重影响人们发展新能源汽车产业的信心,加上经济现实的低迷,新能源汽车产业面临需求萎缩,产业发展面临停滞的风险。

外部竞争性风险是由于国外企业竞争带给本土产业的风险。由于各主要发达经济体都把新能源汽车作为重点发展的产业,尤其发达国家借助良好的汽车产业发展基础,具有很强的技术优势、成熟的市场运作经验、完善的全球战略布局,在开放经济条件下,本土产业随时会面临外部威胁。

而对于政策和法律风险而言,安定的政治环境,完善的政策与法律体系,则有利于新能源汽车产业的发展;相反,则会给产业带来很大的风险。与西方国家相比,我国发展新能源汽车产业具有较为显著的政府推动色彩,容易造成政府对市场的过度干预,影响资源的有效配置,产业素质与市场自发方式相比可能会比较低,因而,新能源汽车产业成长面临诸多政策风险,如部分政策存在盲目性,不考虑产业的生命周期和特征,形成中央和地方重复建设;政策存在短期行为。此外,政策与法律风险还包括产业外的各级政府颁布的法规、规章和文件可能对产业生存带来威胁的风险,如由于新能源汽车废旧电池可能会对环境造成伤害,通过制定相关法规,规范电池回收行为,甚至可能面临法律的禁止,从而影响产业的发展。

从相互关系来看,内生性风险与外生性风险之间存在相互增强的机制,如内生性风险较大,则产业抵御外生性风险的能力也较弱,进一步也会导致外生性风险的影响也较大;而外生性风险虽然对内生性风险的影响内容、范围、持续时间等很难估量,但可以肯定的是,外生性风险一旦形成,就会打破了内生因素的相对稳态,进而增大内生性风险的可能。

第三节 我国新能源汽车产业风险的特点及现有识别与评价方法的局限性

一、我国新能源汽车产业风险的特点

理解了我国新能源汽车产业风险的独特之处，是科学地识别与评价我国新能源汽车产业风险的前提和基础。

（一）产业处于萌芽期具有更大的不确定性

新能源汽车产业作为新兴产业，不像传统汽车产业，未来的发展方向与状态可以通过先前的相对稳定和完全的信息进行判断、预测，至少可以确定在一个可控的范围之内。但新能源汽车产业的未来发展状态是无法确定的，而且它具有多种差异巨大的可能性。由于新能源汽车产业处于萌芽期，无论是技术的研发与组织，还是市场的培育、商业与运营模式的设计和创新，都处于试验、验证与起步阶段，具有极大的不确定性，同时，新能源汽车也是世界主要经济体借助自身优势争先发展的产业，都想借此在未来汽车产业占据主动地位，所以外部竞争异常激烈，产业安全时刻受到威胁，而且政策的持续性、连贯性与稳定性也较差，风险较大。

（二）参与主体多且复杂

更为重要的是，新能源汽车产业发展涉及众多的利益相关者，如汽车厂商、配套厂商、科研机构、行业协会、政策制定者、相关运营商（由不同的商业模式所决定。如充电站所有者与经营者、电池租赁公司等）、消费者等，他们对新能源汽车产业的预期以及他们所做的当下决策，对未来有着直接的影响。正如 M. Keenan 和 R. Popper 指出，未来是无法预知的，但可以肯定的是，未来将会向不同的方向演化，演化的具体方向取决于各类利益相关者的行动和现在所做的决策。而传统汽车产业利益相关者的构成相对稳定，他们所要做的行动也易于推断。

（三）产业发展更处于动态变化之中

无论是考察新能源汽车产业具体的某个方面还是整体，它始终处于动态变化之中，可以在某个时刻对新能源汽车作出一个判断，但这种判断的前提会马上发生变化，而且这种变化也往往超出我们的预期和判断。而传统汽车产业的变化相对而言是更易推断的，如市场未来的规模、市场的结构等都是可以根据历史数据预测的。

（四）影响因素间的关系更为复杂

一方面，我们对新能源汽车产业各个影响因素本身并不是十分了解，因为它们并不稳定；另一方面，也是更为重要的是，各影响因素间的关系始终处于复杂的动态变化之中，它们之间如何相互作用和影响很难把握。例如，产业技术上的不足可以怎样通过市场、政策相应的手段进行弥补？这种手段的强度或持续时间怎样是合理的？它们会如何影响利益相关者的预期和决策？

（五）受偶然因素的影响更大

一个看似非常微小的事件，它可能会导致产业的飞速发展或急速的走向衰败，或者是有些因素虽然显得不重要，但它的影响大小具有偶然性，而且某个因素的重要性也不是一成不变的，会依时间、与其他要素的变化关系而变化。如某种市场正在使用的新能源汽车出现了安全事故，可能会突然降低人们对新能源汽车产业的预期，甚至造成暂时的产业发展停滞，而传统汽车产业受运行事故的影响则相对较小。再就是新能源汽车依托于全新的技术和创新的商业与运营模式，技术的突变，相关产业（能源、电力、原料产业）等新的变化对产业发展都会产生巨大的影响，如人们发现了新的、性能更为优良、成本更为低廉的电池原料，原来的电池厂商或充电站就会遭遇巨大的冲击，或人们很快解决了采制页岩气的关键技术和成本问题，对新能源汽车在能源上的考量则又有了新的变化。

（六）政策对产业的影响需格外给予关注

中国在发展新能源汽车产业时具有较为显著的政府推动色彩，新能源汽车产业化发展的直接推动力就是国家的相关扶植政策。政府强力介入新能源汽车产业成长具有市场所不能替代的优势，如政府培育产业的目的性比较明确、前瞻性强，而且不易受经济系统本身不确定性的强烈影响。但同时，因政策的干预可能带来的风险非常难以把握，这也符合政策制定过程时常是一件极为困难的事情这一现实。政策驱动力强或弱所能带来的风险大小，某种意义上要依据于它与其他驱动要素的力量对比关系。比如政策驱动力若很强，短期内可能对新能源汽车产业发展产生积极的作用，但从长期看，政策没能适时调整，没能适时的让位于市场，让市场充分发挥应有的作用，对产业发展往往会产生抑制作用。而且，我国所采用的政策措施往往是对市场直接的干预，无论是企业还是消费者，都非常关注政策的走向与变化，即产业的发展很大程度上依赖于政策的选择而不是由市场决定。

此外，由于新能源汽车产业的发展主要以传统汽车产业为根基，新能源汽车产业风险的形成和演化很大程度上和中国传统能源汽车产业发展的历史与现状有关，由于我国传统汽车产业发展晚、底子薄，虽然经历了一段时间的发展，中国成为了汽车产销大国，但绝对不是汽车强国，这点也要给予特别的关注。一个国家新能源汽车产业的发展,归根结底是与一个国家或地区的产业基础发展直接相关的。而产业基础与产业发展的先天因素和现实因素密切相关。当有良好的产业基础时,则产业抵御风险的能力就强;反之,抵御风险的能力就弱。从 2009 年起,我国汽车产销量连年位居世界第一位,但与美、日、德等传统的汽车强国相比,综合实力还存在很大差距,还没有形成世界级的汽车品牌,国内汽车产销量合资品牌占比较大,而国内品牌无论是从技术水平、营销能力、品牌经营等方面都与国外企业存在巨大差距,而这些都是发展新能源汽车产业必备的要素。所以,在进行我国新能源汽车产业风险识别与评价的过程中,一定要充分考虑我国传统汽车产业的发展历史和现状。

二、新能源汽车产业风险识别与评价的难点

(一)风险的识别与评价

风险识别是风险管理的第一步,也是风险管理的基础。只有在正确识别出产业所面临的风险的基础上,人们才能够主动选择适当有效的方法进行处理。

风险识别是指在风险发生之前,人们运用各种方法系统地、连续地认识所面临的各种风险以及分析风险发生的潜在原因。从形式上来看,存在于人们周围的风险是多样的,既有当前的也有潜在于未来的,既有内部的也有外部的,既有静态的也有动态的等。风险识别的任务就是要从错综复杂的环境中找出产业所面临的主要风险。

风险识别一方面可以通过感性认识和历史经验来判断,另一方面也可通过对各种客观的资料和风险事故的记录来分析、归纳和整理,以及必要的专家访问,从而找出各种明显和潜在的风险及其损失规律。因为风险具有可变性,因而风险识别是一项持续性和系统性的工作,要求风险管理者密切注意原有风险的变化,并随时发现新的风险。

风险评价则是在风险识别和风险估测的基础上,对风险发生的概率,损失程度,结合其他因素进行全面考虑,评估发生风险的可能性及危害程度,参照一定的评价标准,衡量风险的程度,为主体进一步采取相应的风险防控措施提供支持的过程。

目前,具体涉及新能源汽车产业方面的风险识别与评价研究还很少见。由于新能源是战略性新兴产业,所以我们可以从有关战略性新兴产业风险识别和评价的文献中获得借鉴。

牟芩瑶和张所地在对半导体照明行业的技术风险进行分类的基础上,提出半导体照明上游产业的技术风险量化模型。以蓝宝石衬底原材料为例,利用 VaR 方法评价半导体照明上游产业的原材料供应能力的技术风险,对半导体照明上游产

业的风险规避具有一定的指导意义。

余佳分析了战略性新兴产业面临的市场风险、技术风险、金融风险和政策风险，并初步构建产业风险预警机制，指出战略性新兴产业风险预警机制的过程，包括风险因素分析、风险预警指标设计、风险预警评估、风险控制和风险预警反馈机制。风险预警机制是一个动态的过程，随着产业的发展变化，要不断地对风险因素、预警指标、权重、警限等进行调整，使预警系统符合产业发展规律。调整过程可采用专家会议法或德尔菲法。

张伟和刘德志针对新兴技术投资构建了包括技术风险、市场风险、管理风险、融资风险、政府干预风险与信息及知识风险的六个二级指标和24个二级指标共同构成了新兴技术投资风险评价指标体系。这些评价指标体系对信息技术投资风险进行了定量描述和评价，试图能更有效、更全面地对各种风险进行综合评价。张立超等以我国作为战略性新兴产业的光伏发电产业为例，对产业竞争情报预警工作中的风险识别进行研究。研究中通过引入产业竞争情报理论，对影响产业风险的各类诱发因素进行系统剖析，提出产业风险来源的三维式（相关竞争产业维度、产业自身维度、国际竞争环境维度）分析框架，论述将产业竞争情报运用于产业风险识别的相关思路，并结合理论探讨我国光伏发电产业的实际案例，系统阐述其风险的主要来源以及产业竞争情报在其风险识别过程中的具体应用。

中国人民银行赣州市中心支行课题组应用模糊数学理论建立了钨产业动态监测指标体系和预警分析模型。并通过实证进行了综合判断，认为我国钨产业近年来处于中度风险偏上区间。

（二）风险识别与评价的难点

1. 数据难以获得

我国从2009年即将新能源汽车确立为我国七大战略性新兴产业之一，但无论从国内还是国外来看，新能源汽车产销量还非常低。例如，按照我国对新能源汽车定义的标准，2010年美国纯电动汽车和插电式混合动力汽车的销量仅分别为37辆和326辆，而当年纯电动汽车销量最多的日本也仅为2 361辆，即使是2013年，我国新能源汽车销量还仅仅是整个汽车产业的0.08%。而且关于新能源汽车统计制度还没有建立，相关统计年鉴或报告一般是将新能源汽车产业数据列入了战略新兴产业项目中，无法将数据分离，现有的少量统计数据口径也尚不统一。因此，在新能源汽车产业化形成阶段，短时序周期和小体量面板数据所能提供的信息比较有限，极大地影响了数据的利用价值。

2. 新能源汽车产业风险识别与评价可以借鉴的方法和经验较少

风险识别与评价一方面可以通过感性认识和历史经验来判断，另一方面也可以通过对各种客观的资料和曾经发生风险记录来分析，归纳和整理，从而找出各种明显和潜在的风险及其损失规律。由于新能源汽车作为新兴产业，采用新兴技术，技术原理与传统汽车具有颠覆性的变化，商业模式都依赖于持续的创新，没有现成的产业风险识别与评价经验可以借鉴，这在无形中增加了产业风险识别与评价的难度。

3. 影响因素间的复杂关系如何展现

前面已对新能源汽车产业风险产生的机理进行了详细的分析，但这种分析是从不同的角度对风险进行剖析。我们在识别与评价新能源汽车产业风险时，一方面要对风险因素进行详细的分析，但单纯从分解开来的因素描述与评价产业风险显然不够；另一方面还要将各类因素作为一个整体以及因素间相互作用后可能展现的风险图景给予更大的关注。也就是说，整体不是部分的简单相加，所以在对新能源汽车产业进行风险识别与评价时，既要描述部分，又要说明整体，两者不能偏废。

4. 如何将风险的动态发展体现在识别与评价中

新能源汽车产业的一大特点就是高风险性，当对可能导致产业风险的因素从静态的视角进行考察时，识别或评价产业的风险可以预知的结果就是风险会很高，这种简单的结果对实际的风险控制或风险管理意义并不大。所以，虽然困难，但极为重要的是要考虑如何将风险的动态发展体现在识别与评价中，即努力找出那些对产业未来风险影响最重要的一些因素，如果这些因素发生变化，最为可能的风险形态是怎样的。

5. 如何全面反映产业风险的程度

正如前面所述，简单的评价结果对实际的风险控制或风险管理意义并不大，这就要求经过评价获得的产业风险程度结果要能提供足够的信息量，即能反映出整体的风险等级，又能说明局部风险的情况。

三、新能源汽车产业风险现有识别与评价的方法的局限性

目前，研究新能源汽车产业风险识别与评价的文献还很少，而且其中的很多还是仅针对产业的某一个方面开展研究，从产业全局的角度研究产业风险的文献更少，文献一般也是运用指标体系构建的方法对新能源汽车产业风险进行识别和评价。该方法的优点是能找出影响风险的各类要素，并将各风险要素的重要性进行区分，但这些研究较为普遍的局限性是结论单一、动态性差、时间指向性差，忽略了可能是重要的偶然因素的影响。

新能源汽车作为新兴产业，它的特点是处于产业发展的萌芽期，产业的各个影响因素都处于不断的动态变化中，现有识别与评价方法的一大缺点就是结论单一，它只是说明了一种特定的情况，实际新能源汽车产业未来发展会有多种可能性；而

且，研究中假定各影响因素较为稳定，更多是对现状的描绘，对新能源汽车产业的动态变化并没有体现；这种评价结论的时间指向性也较差，并没有说明某种程度的风险到底是在未来的什么时间会显现。再就是忽略了偶然因素，可能会有一个看似非常微小的事件，它会导致产业的飞速发展或急速的走向衰败，或者是有些因素虽然显得不重要，但它的影响大小具有偶然性，某个因素的重要性也不是一成不变的，会依时间、与其他要素的变化关系而变化。

所以，现有的研究与对一般产业的研究并没有明显的区别，用传统的分析方法来识别一个本身以高风险为显著特征的新兴产业的风险，其结果自然很明显，那就是处处是风险（各影响要素），时时有风险（时间推移），这样的分析看到了问题，但对问题的本质揭示不够，对现实的指导意义也会大为降低。而新能源汽车产业属于战略性新兴产业，不仅要关注现阶段的风险，而且要关注未来风险，分析未来风险的状态。

第四节　我国新能源汽车产业风险识别与评价的目标及方法特征分析

一、我国新能源汽车产业风险识别与评价的目标

在进行风险识别和评价的开始阶段，需要首先明确风险识别与评价的目标。新能源汽车产业风险识别与评价将会影响对产业的风险控制和管理，不同的目标要求所进行风险识别与评价的侧重点也不同，具体所构建的指标评价体系包含内容也会有所不同。为了使风险评价结果更科学、更具指导意义，必须先明确风险识别与评价的目标，以此为指导方针，进行指标选取和数据分析等后续工作。

正如本书的绪论中所提到的，从政策的角度，我国新能源汽车产业风险识别与评价的目的，是通过对我国新能源汽车产业特点和所处环境的分析，借助相关方法，分析和识别影响我国新能源汽车产业发展的风险源，识别出关键的、不确定性高的、破坏性大的风险因素，构建未来风险可能的状态，通过具体的风险等级评价，在此基础上提出我国新能源汽车产业风险控制的对策与建议，为我国新能源汽车产业风险管理提供科学的方法和实现的路径，为降低我国新能源汽车产业风险，实现产业可持续发展提供科学的参考。

从直接的目的来看，本书所要进行的我国新能源汽车产业风险识别与评价，首先是要识别出重要的风险源，以及通过不同风险因素交互关系识别出产业风险的具体现实图景，同时，还要通过利益相关者的视角，识别出未来的重要的、不确定性

高的风险要素，并由此构建未来的可能风险图景。其次是要通过风险评价获得关于产业风险的具体等级，以对产业的整体风险水平有一个更为精确的判断，等级可能是“高、中、低”，或者是“关键、重要、一般”，或者是具体的量化数值，由于等级的获得是基于我国新能源汽车产业发展的背景条件之下，无法与其他国家进行比较，所以，仅仅一个风险等级是无法实现上述政策层面的目标的。进而，评价所获得的风险等级要想实现其真正的价值就要可回溯，在回溯过程中能够获得更为丰富的有价值信息，为指导实践服务。

二、我国新能源汽车产业风险识别与评价方法的特征分析

现有文献分析偏重于静态分析和对风险类型的描述，缺少对时间因素的考虑，缺少动态性，尤其是指标体系法，动态性差且指向不明。为克服上述问题，本书所采用的我国新能源汽车产业风险识别与评价方法将具备以下几方面特征：

（一）体现动态与相对静态分析相结合

对于新能源汽车产业，无论是其自身还是所处的环境，都是在不断地变化之中的，是一个动态过程。因此，产业发展过程中会呈现出不同的发展阶段，每一阶段风险也会呈现出各自的特征，各风险要素所发挥的作用也不一样。风险要素自身会随环境的变化处于动态变化之中，从一个相对平衡的状态经过动态变化之后又达到新的平衡状态。所以，在进行新能源汽车产业风险识别与评价的过程中要能够体现静态分析与动态分析的结合。

（二）识别与评价要着眼现实更要关注未来

现实是出发的起点。新能源汽车产业风险识别与评价必须要着眼于现实，明晰产业发展的现状，但同时也要关注未来，关注未来的不确定性本身也是风险的题中之意。只有努力运用科学的方法去建构可能的未来，对现实才更具指导意义。

例如，分析新能源汽车产业的某种风险时，人们会首选在脑海中构建一种关于未来风险可能的景象，或者是推演若干种可能的景象。进而，人们可以查找分析导致各种可能风险的内外在因素，还会用分析出的一系列因素正向推演风险，经过多次的正、反向推演，丰富对现实与未来的本身及关系的认识。所以，在新能源汽车产业风险识别与评价过程中，要能够建立一种良好的现实与未来的联系。

（三）充分考虑利益相关者在风险识别与评价中的作用

对于一个产业而言，战略的规划和制定与企业层次会有极大的不同，会变得更为复杂。因为产业的影响与决定因素更多，涉及的利益相关者数量和构成也更为复杂，所以，本书认为，新能源汽车产业的战略选择或未来发展不是一个简单的由决策层面确定或主导的问题，而是包含决策者在内的更多利益相关者的各自判断

和决策所共同作用来决定。当然这种决定的前提是基于产业的现有发展基础和重要前提,如新能源汽车产业的技术现状和发展趋势、经济发展现状与趋势、竞争现状与趋势等。

研究新能源汽车产业实际更多的是在研究关于未来的问题,未来不能事先确定,但可能演变为不同的方向。这种方向取决于现在的利益相关者所做和将要做出的各种各样的行动和决策。所以对我国新能源汽车产业风险分析与评价要充分考虑利益相关者的作用。利益相关者不仅包括专业的研究人员、行业的专家、企业的管理者,还包括与新能源汽车产业链相关的人员以及消费者。同时,根据风险识别与评价的需要,不同利益相关者在其中发挥的作用也是不一样的,如有时需要专家型意见,有时需要个体决策型意见,有时需要各类意见的综合。

第五节　我国新能源汽车产业风险识别与评价研究框架

一、我国新能源汽车产业风险识别与评价研究框架

根据上述分析,本书构建了我国新能源汽车产业风险识别与评价研究框架,如图 3.6 所示。该框架包含三个维度,分别为基于风险源的产业风险识别,基于情景分析的产业风险识别和产业风险评价。其中,基于风险源的产业风险识别包含两个方面,即关键风险源识别和基于风险因素交互关系的风险识别。

二、我国新能源汽车产业风险识别与评价研究框架分析

(一)关键风险源识别

该过程是要识别导致风险的原因,即风险的来源是什么。同时,要对这些风险来源进行详细的分析,归类整理,并最终形成一个可供进一步风险动态识别和评价的指标体系,这样就实现了对新能源汽车产业静态视角下的风险形态的整体描绘。即通过相对静态的识别过程,回答了新能源汽车产业风险有什么,导致风险的风险源是什么,尤其是还要通过相关方法,识别出重要的风险源。

(二)基于因素间交互关系的风险识别

新能源汽车产业风险静态识别过程只是采取了风险源或影响因素割裂开来的方式,而没有考虑因素间的交互关系。正如前面所述,因素间的交互关系将会呈现出产业风险的另一番图景,也更能加深对因素的理解与认识。

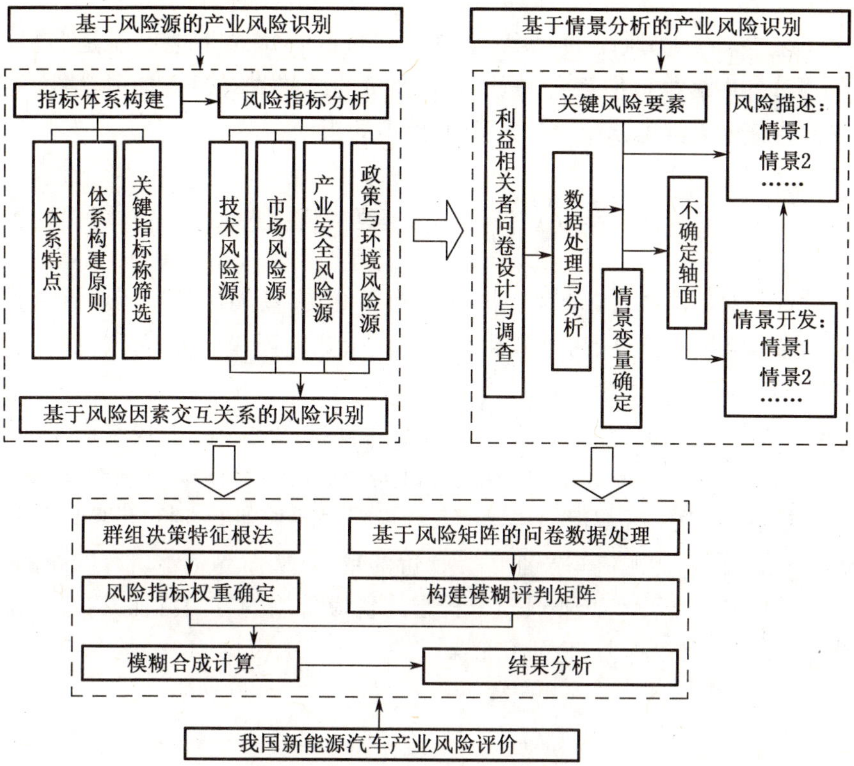

图3.6　我国新能源汽车产业风险识别与评价研究框架

同时,随着时间的推移,这种交互的分析方法可以运用在不同的时间断面上,再对照不同时间断面上所获得的信息,可以分析出新能源汽车产业风险的动态变化。

(三)风险动态识别

在风险的动态识别中的动态性体现在两个方面,一是以动态的视角看待因素的变化,即把因素放在未来的一个时间段进行考察,具体通过对现状的分析和借助专家等利益相关者的意见分析因素的可能变化;动态性的另一个体现则是在对因素动态分析的基础上,尤其是抓住关键要素,这些关键要素未来会有不同的可能性,将这些关键要素按照不同的可能性进行动态的组合,力图构建新能源汽车产业未来可能的风险图景,通过风险的动态识别,回答了风险怎么样。

(四)风险等级评价

经过对风险的识别后,就要对新能源汽车产业风险的程度进行评价,获得一个定性或定量的风险等级,风险等级可能是“高、中、低”,或者是“关键、重要、一般”,

无论用什么评价方法来确定风险的等级都是较为困难的，可能单纯的“高”“中”“低”并不能全面反映风险的程度，最终的评价的等级结果也可能是“高”“中”“低”的成分各占多少。但不管怎样，只要评价的结果具有足够的科学性，能够提供足够多的有价值信息，对现实也就具有更多的指导意义。

第六节　本章小结

本章首先对新能源汽车产业的特征进行了介绍，新能源汽车产业具有技术密集性、资金密集性、战略性、高风险性、高竞争性、低碳环保性等特征，结合风险、风险管理、产业风险相关概念，界定了新能源汽车产业风险的含义。在前述分析基础之上，分别从内生性和外生性两个方面分析了新能源汽车产业风险产生的机理。在探究我国新能源汽车产业所呈现的风险的特点，分析新能源汽车产业风险识别与评价的难点，并总结现有识别与评价方法局限性的基础上，通过借鉴以往学者研究成果，给出我国新能源汽车产业风险评价的目标，从而界定了研究问题的范围，并总结出我国新能源汽车产业风险分析与评价应采用的方法特征，构建了我国新能源汽车产业风险识别与评价研究框架。

第四章　基于风险源的我国新能源汽车产业风险识别

第一节　风险源概念的界定

风险源，是指导致风险主体遭受消极后果或危害的可能性的来源。风险源重点强调和分析风险的来源。按照风险产生的范围，可以将新能源汽车产业风险源分为内生性风险源和外生性风险源。内生性风险来源于产业自身基础与能力，当自身发展能力不足或存在某种管理缺陷就会产生风险；外生性风险来源于产业的外部，如技术的突变、法律的规制、国际竞争的加剧、经济危机等，这些外部力量的冲击会对新能源汽车产业发展带来巨大和难以估量的不确定性，而且外生性风险源更难以控制。

从相关文献可以看出，一般认为产业发展驱动力有如下几种情形，即技术推动或创新驱动、需求拉动、竞争推动、供给推动、政策推动等。尤其对于新兴产业，当某种驱动力要素力量不足或各个驱动力要素间的某种协同关系，可能就会导致风险。所以，按照产业发展的驱动力，可以将新能源汽车产业风险源分为技术风险源、市场风险源、产业安全风险源、政策风险源等。而且从现有的文献来看，对新能源汽车产业风险类型的划分一般也都是从上述几个方面展开。

无论是按照范围还是按照产业发展驱动力，实际在分析新能源汽车产业风险源时，两种划分方法是相辅相成的。例如，从驱动力的角度研究技术风险源时，可以将技术风险源具体的分为外生性技术风险源和内生性技术风险源。由于研发资源等条件限制导致新能源汽车技术研发面临失败，这种情况就属于内生性技术风险源；如在产业系统之外，某种技术原理发生了突变，而且这种技术有可能很快被引入到新能源汽车产业系统之内，这样就会对产业内现有的技术路线产生冲击或替代，这样的技术突变对于产业而言就是外生性技术风险源。

第二节　我国新能源汽车产业风险源初选指标体系

一、新能源汽车产业风险指标体系构建的基本原则

与其他指标体系不同,新能源汽车产业风险指标体系是以动态的视角,通过新能源汽车产业所处不同阶段的变化构建的指标体系。新能源汽车产业风险指标体系的构建要能够充分体现新能源汽车产业的特点,只有这样才能保证指标体系的实用性,使新能源汽车产业风险识别和风险评价的结果更加科学,更有利于指导风险管理实践。所以,指标体系构建要满足以下几个原则:

(一)针对性原则

所谓针对性包含两方面含义:一方面是指标体系的选取要能针对新能源汽车产业及风险的特点,不管是与我国新能源汽车产业风险直接相关的一级指标,还是与之间接相关的二级指标,都要能把产业自身的特点以及风险的特点体现出来;另一方面是指标体系的建立要能针对产业风险识别和评价的任务,为目的服务。

(二)全面性原则

构建新能源汽车产业风险指标体系,要全面覆盖风险各方面要素,要把新能源汽车产业风险所包含的风险源及风险因素进行全面分析。同时,指标的选取要综合考虑新能源汽车产业风险的各个方面,既要包括反映新能源汽车产业基础方面的因素,也要包括发展方面的因素;既要反映内部因素,也要反映外部因素;既要反映常规因素,也能反映偶然因素。

(三)评价性原则

构建新能源汽车产业风险指标体系最重要的就是要对新能源汽车产业风险进行评价。评价性是指要对研究对象进行科学严谨的评价。在确定了新能源汽车产业风险作为研究对象之后,要对研究对象所存在的问题进行提出、分析和解决。只有经过正确的评价之后才能更有效地进行问题解决方案的提出。因此,用新能源汽车产业风险指标体系对新能源汽车产业风险进行评价可以使研究结论更加准确,即评价性是新能源汽车产业风险指标体系的重要特点。

(四)前瞻性原则

前瞻性一方面要求指标的构建要能够对未来的风险进行反映,指标内容具有发展性;另一方面是指构建指标体系之后要对研究对象所遇到的问题进行解决和对以后可能遇到的问题进行分析、解决和预防以及提出相应的对策。

二、新能源汽车产业风险初选指标体系构成

根据所构建的新能源汽车产业风险指标体系设计框架，结合新能源汽车产业风险指标体系的特点和构建原则，通过网络文献数据库和专家访谈等尽可能多的渠道搜集有关新能源汽车产业风险的文献和资料，从文献和资料中归纳各种有关风险的描述。描述，一方面要全面，另一方面对影响因素进行了合并、归类，尽量减少因素的数量，以便于将来风险识别和评价的需要。

通过搜集整理，结合相关专家学者的理论著作和建议，构建出新能源汽车产业风险评价初始指标体系，该初始指标体系由3个层次、4个方面和42项指标构成的。新能源汽车产业风险静态识别初始指标体系，见表4.1。

表4.1 新能源汽车产业风险静态识别初始指标体系

目标层	风险源（一级指标）	风险指标（二级指标）
能源汽车产业风险 A	技术风险源 A_1	技术先进性 A_{11}
		技术成长潜力 A_{12}
		自主核心技术比例 A_{13}
		技术的可替代性 A_{14}
		技术人员数量 A_{15}
		技术的管理与组织情况 A_{16}
		技术标准体系的完善情况 A_{17}
		RD 投入 A_{18}
		技术原创性 A_{19}
		技术可靠性 A_{110}
		技术的突变 A_{111}
		技术更新率 A_{112}
		技术壁垒 A_{113}
	市场风险源 A_2	汽车的购置与使用成本 A_{21}
		价格变动率 A_{22}
		汽车的安全性 A_{23}
		基础设施状况 A_{24}
		消费者接受度 A_{25}
		厂商投入状况 A_{26}

表 4.1(续)

目标层	风险源(一级指标)	风险指标(二级指标)
能源汽车产业风险 A		产业集群成长状况 A_{27}
		产业链完备状况 A_{28}
		商业模式成熟度 A_{29}
		资金状况 A_{210}
		市场竞争 A_{211}
		企业销售增长率 A_{212}
	产业安全风险源 A_3	本土企业市场主导地位 A_{31}
		本土品牌车型竞争力 A_{32}
		本土企业市场占有率 A_{33}
		海外市场占有率 A_{34}
		核心技术拥有或控制数 A_{35}
		政策保护情况 A_{36}
		知识产权 A_{37}
		外资企业战略布局状况 A_{38}
		产业链国产化率 A_{39}
		产业对政策的依赖性 A_{310}
	政策与环境风险源 A_4	政策的持续性 A_{41}
		政策的一致性 A_{42}
		财政政策风险 A_{43}
		经济周期影响 A_{44}
		传统能源发展状况 A_{45}
		通货膨胀风险 A_{46}
		法律规制 A_{47}

第三节　新能源汽车产业风险关键指标甄别与筛选

一、多重共线性

根据构建的新能源汽车产业风险初选指标体系，四方面风险源分别由若干风险指标来表征。可以将风险源视为因变量（被解释变量），将风险指标视为自变量（解释变量），进而将原问题转化为多元线性方程组问题。由于这些风险指标之间可能存在的相关性，会导致指标体系臃肿，干扰对风险源的准确分析。因此，在本研究中引入多重共线性分析来解决各组风险指标间的相关性问题，进而实现各风险源关键指标的甄别和筛选。

多重共线性（Multicollinearity）是指线性回归模型中的解释变量之间，由于存在精确相关关系或高度相关关系而使模型估计失真或难以估计准确。一般来说，由于解释变量选取问题，可能会造成模型设计不当，导致设计矩阵中解释变量间存在普遍的相关关系。

对于模型：

$$Y_i = \beta_0 + \beta_1 X_{1i} + \beta_2 X_{2i} + \cdots + \beta_k X_{ki} + \mu_i ; i = 1,2,\cdots,n \tag{4-1}$$

假设解释变量是互相独立的，如果某两个或多个解释变量之间出现了相关性，则称为多重共线性。

如果存在

$$c_1 X_{1i} + c_2 X_{2i} + \cdots + c_k X_{ki} = 0 ; i = 1,2,\cdots,n \tag{4-2}$$

其中，c_i不全为0，则称为解释变量间存在完全共线性（perfect multicollinearity）。如果存在

$$c_1 X_{1i} + c_2 X_{2i} + \cdots + c_k X_{ki} + v_i = 0 ; i = 1,2,\cdots,n \tag{4-3}$$

其中，c_i不全为0，v_i为随机误差项，则称为近似共线性（approximate multicollinearity）或交互相关（intercorrelated）。

在矩阵表示的线性回归模型

$$\boldsymbol{Y} = \boldsymbol{X\beta} + \boldsymbol{\mu} \tag{4-4}$$

中，完全共线性指秩($\boldsymbol{X}$) $< k+1$，即

$$\boldsymbol{X} = \begin{bmatrix} 1 & x_{11} & x_{21} & \cdots & x_{k1} \\ 1 & x_{12} & x_{22} & \cdots & x_{k2} \\ \vdots & \vdots & \vdots & & \vdots \\ 1 & x_{1n} & x_{2n} & \cdots & x_{kn} \end{bmatrix} \tag{4-5}$$

中，至少有一列向量可由其他列向量（不包括第一列）线性表出。

如 $\boldsymbol{X}_2=\lambda\boldsymbol{X}_1$，则 $\boldsymbol{X}_2$ 对 $\boldsymbol{Y}$ 的作用可由 $\boldsymbol{X}_1$ 代替。

完全共线性的情况并不多见，一般出现的是在一定程度上的共线性，即近似共线性。

近似共线性下，可以得到 OLS 参数估计量，但参数估计量方差的表达式为

$$\mathrm{Cov}(\hat{\boldsymbol{\beta}})=\sigma\,(\boldsymbol{X}'\boldsymbol{X})^{-1} \tag{4-6}$$

由于 $|\boldsymbol{X}'\boldsymbol{X}|\approx 0$，引起 $(\boldsymbol{X}'\boldsymbol{X})^{-1}$ 主对角线元素较大，使参数估计值的方差增大，OLS 参数估计量非有效。

$$r^2=\frac{\left(\sum x_{1i}x_{2i}\right)^2}{\sum x_{1i}^2\sum x_{2i}^2} \tag{4-7}$$

式中，r^2 表示 $\boldsymbol{X}_1$ 与 $\boldsymbol{X}_2$ 的线性相关系数的平方。由于 $r^2\leqslant 1$，故有 $1/(1-r^2)\geqslant 1$。

当完全不共线时，$r^2=0$，有

$$\mathrm{Var}(\hat{\boldsymbol{\beta}}_1)=\sigma^2/\sum x_{1i}^2 \tag{4-8}$$

当近似共线时，$0<r^2<1$，有

$$\mathrm{Var}(\hat{\boldsymbol{\beta}}_1)=(\sigma^2/\sum x_{1i}^2)\cdot\frac{1}{(1-r^2)}>\sigma^2/\sum x_{1i}^2 \tag{4-9}$$

多重共线性使参数估计值的方差增大，$\frac{1}{(1-r^2)}$ 为方差膨胀因子（Variance Inflation Factor，VIF）。方差膨胀因子见表 4.2。

表 4.2　方差膨胀因子表

相关系数平方	0	0.5	0.8	0.9	0.95	0.96	0.97	0.98	0.99	0.999
方差膨胀因子	1	2	5	10	20	35	33	50	1 000	1 000

以此类推，当完全共线时，$r^2=1$，有

$$\mathrm{Var}(\hat{\boldsymbol{\beta}}_1)=\infty \tag{4-10}$$

二、新能源汽车产业风险关键指标甄别

对新能源汽车产业风险关键指标甄别，其着重点在于指标的重要性，指标在对新能源汽车产业风险识别中，是对某一具体风险源的全面和综合的反映。为简化对风险源进行表征的解释指标数量，采用解释指标相关性分析的方法，利用多重共线性来甄别关键指标。根据多重共线性的回归结果，设定筛选条件，进行关键指标筛选，剔除相关性较强的指标，实现最终指标体系的确定。

本书采用专家打分法确定风险指标对风险源的解释程度。根据初步设定的

42个风险指标和所对应的4个风险源设计新能源汽车产业风险初始指标评分表,采取百分制打分方式。共选取该领域40位专家,均为学科领域权威学者或产业领域资深专家,通过与4部分专家深度访谈和数据收集,获得数据较为全面客观。

运用SPSS17.0将获得的40组数据,对4个风险源逐一进行多重共线性分析。鉴于篇幅原因,对统计结果进行整理编排,结果如表4.3~表4.29所示。

表4.3　技术风险源输入/移去的变量

模型	输入的变量	移去的变量	方法
1	技术壁垒,技术可替代性,技术标准体系的完善情况,技术原创性,技术的突变,技术的管理与组织情况,自主核心技术比例,技术成长潜力,技术先进性,技术人员数量[a]	.	输入

a. 已达到容差 =.000 限制。

表4.4　技术风险源模型汇总

模型	R	R方	调整 R 方	标准估计的误差
1	.933[a]	.871	.441	2.322 37

a. 预测变量:(常量),技术壁垒,技术可替代性,技术标准体系的完善情况,技术原创性,技术的突变,技术的管理与组织情况,自主核心技术比例,技术成长潜力,技术先进性,技术人员数量。

表4.5　技术风险源 Anova[b]

模型		平方和	df	均方	F	Sig.
1	回归	109.248	10	10.925	2.026	.305[a]
	残差	16.180	3	5.393		
	总计	125.429	13			

a. 预测变量:(常量),技术壁垒,技术可替代性,技术标准体系的完善情况,技术原创性,技术的突变,技术的管理与组织情况,自主核心技术比例,技术成长潜力,技术先进性,技术人员数量。
b. 因变量:技术风险源。

表 4.6 技术风险源系数[a]

模型		非标准化系数		标准系数	t	Sig.	共线性统计量	
		B	标准误差				容差	VIF
1	（常量）	10.158	143.318		.071	.948		
	技术先进性	.900	.476	.801	1.888	.155	.239	4.185
	技术成长潜力	-.231	.482	-.205	-.479	.665	.234	4.266
	自主核心技术比例	.141	.281	.210	.503	.649	.248	4.036
	技术可替代性	-.058	.477	-.064	-.122	.911	.153	6.535
	技术人员数量	.150	.564	.195	.267	.807	.081	12.421
	技术的管理与组织情况	-.136	.550	-.137	-.248	.820	.141	7.077
	技术标准体系的完善情况	-.165	.266	-.227	-.621	.578	.321	3.114
	技术原创性	-.057	.391	-.060	-.145	.894	.250	4.000
	技术的突变	.357	.337	.249	1.059	.367	.778	1.285
	技术壁垒	.038	1.405	.010	.027	.980	.296	3.374

a. 技术风险源。

表 4.7 技术风险源已排除的变量[b]

模型		Betain	t	Sig.	偏相关	共线性统计量		
						容差	VIF	最小容差
1	RD 研发	.[a]	.	.	.	.000	.	.000
	技术可靠性	.[a]	.	.	.	.000	.	.000
	技术更新率	.038	1.405	.010	.027	.980	.239	4.185

a. 模型中的预测变量：(常量)，技术壁垒，技术可替代性，技术标准体系的完善情况，技术原创性，技术的突变，技术的管理与组织情况，自主核心技术比例，技术成长潜力，技术先进性，技术人员数量。

b. 因变量：技术风险源。

表 4.8　技术风险源共线性诊断[a](1)

模型维数		特征值	条件索引	方差比例					
				(常量)	技术先进性	技术成长潜力	自主核心技术比例	技术可替代性	技术人员数量
1	1	10.989	1.000	.00	.00	.00	.00	.00	.00
	2	.004	52.707	.00	.01	.00	.05	.00	.00
	3	.003	62.218	.00	.00	.01	.02	.01	.01
	4	.002	84.820	.00	.02	.00	.07	.00	.03
	5	.001	87.057	.00	.01	.00	.00	.05	.00
	6	.001	126.987	.00	.00	.00	.00	.02	.00
	7	.000	166.580	.00	.01	.12	.47	.01	.00
	8	.000	186.250	.00	.19	.02	.04	.19	.04
	9	8.280E-5	364.290	.00	.11	.62	.09	.18	.14
	10	6.097E-5	424.545	.11	.61	.02	.02	.00	.16
	11	1.059E-5	1018.568	.89	.04	.20	.23	.53	.61

a. 因变量:技术风险源。

表 4.9　技术风险源共线性诊断[a](2)

模型维数		特征值	条件索引	方差比例				
				技术的管理与组织情况	技术标准体系的完善情况	技术原创性	技术的突变	技术壁垒
1	1	10.989	.00	.00	.00	.00		.00
	2	.004	.00	.05	.00	.00	.801	.00
	3	.003	.01	.01	.00	.00	-.205	.01
	4	.002	.01	.10	.01	.00	.210	.00
	5	.001	.01	.10	.00	.00	-.064	.05
	6	.001	.03	.01	.32	.00	.195	.02
	7	.000	.05	.04	.08	.00	-.137	.01
	8	.000	.02	.12	.23	.00		.19
	9	8.280E-5	.43	.02	.00	.05		.18

表 4.9(续)

模型维数		特征值	条件索引	方差比例				
				技术的管理与组织情况	技术标准体系的完善情况	技术原创性	技术的突变	技术壁垒
1	10	6.097E−5	.06	.43	.27	.11		.00
	11	1.059E−5	.38	.13	.09	.83		.53

a. 因变量:技术风险源。

表 4.10　市场风险源输入/移去的变量

模型	输入的变量	移去的变量	方法
1	企业销售增长率,消费者接受度,汽车的购置与使用成本,资金状况,基础设施状况,汽车的安全性,产业链完备状况,商业模式成熟度,产业集群成长状况,厂商投入状况[a]	.	输入

a. 已达到容差 =.000 限制。

表 4.11　市场风险源模型汇总

模型	*R*	*R* 方	调整 *R* 方	标准估计的误差
1	.931[a]	.866	.718	1.744 64

a. 预测变量:(常量),企业销售增长率,消费者接受度,汽车的购置与使用成本,资金状况,基础设施状况,汽车的安全性,产业链完备状况,商业模式成熟度,产业集群成长状况,厂商投入状况。

表 4.12　市场风险源 Anova[b]

模型		平方和	df	均方	*F*	Sig.
1	回归	177.556	10	17.756	5.833	.007[a]
	残差	27.394	9	3.044		
	总计	204.950	19			

a. 预测变量:(常量),企业销售增长率,消费者接受度,汽车的购置与使用成本,资金状况,基础设施状况,汽车的安全性,产业链完备状况,商业模式成熟度,产业集群成长状况,厂商投入状况。

b. 因变量:市场风险源。

表 4.13　市场风险源系数[a]

模型		非标准化系数		标准系数	t	Sig.	共线性统计量	
		B	标准误差				容差	VIF
1	（常量）	-15.675	55.724		-.281	.785		
	汽车的购置与使用成本	1.034	.225	.886	4.598	.001	.400	2.499
	汽车的安全性	-.066	.134	-.074	-.494	.633	.661	1.513
	基础设施状况	.105	.127	.140	.827	.429	.520	1.924
	消费者接受度	.157	.155	.231	1.012	.338	.285	3.511
	厂商投入状况	.094	.203	.107	.461	.656	.278	3.601
	产业集群成长状况	-.017	.218	-.017	-.077	.940	.322	3.106
	产业链完备状况	-.060	.116	-.084	-.513	.620	.554	1.806
	商业模式成熟度	-.165	.166	-.164	-.990	.348	.542	1.844
	资金状况	.371	.221	.239	1.682	.127	.736	1.359
	企业销售增长率	-.221	.515	-.071	-.429	.678	.541	1.847

a. 技术风险源。

表 4.14　市场风险源已排除的变量[b]

模型		Betain	t	Sig.	偏相关	共线性统计量		
						容差	VIF	最小容差
1	价格变动率	.[a]	.	.	.	.000	.	.000
	市场竞争	.[a]	.	.	.	.000	.	.000

a. 模型中的预测变量：（常量），企业销售增长率，消费者接受度，汽车的购置与使用成本，资金状况，基础设施状况，汽车的安全性，产业链完备状况，商业模式成熟度，产业集群成长状况，厂商投入状况。

b. 因变量：市场风险源。

表 4.15　市场风险源共线性诊断[a]（1）

模型	维数	特征值	条件索引	方差比例				
				（常量）	汽车的购置与使用成本	汽车的安全性	基础设施状况	消费者接受度
1	1	10.988	1.000	.00	.00	.00	.00	.00
	2	.004	52.605	.00	.02	.03	.04	.04

表 4.15（续）

模型维数		特征值	条件索引	方差比例				
				（常量）	汽车的购置与使用成本	汽车的安全性	基础设施状况	消费者接受度
	3	.003	64.201	.00	.00	.01	.13	.10
	4	.002	80.574	.00	.00	.04	.28	.01
	5	.001	88.429	.00	.00	.00	.02	.08
	6	.001	112.219	.01	.00	.52	.02	.08
	7	.001	131.351	.00	.22	.24	.04	.04
	8	.001	140.657	.00	.00	.04	.01	.11
	9	.000	196.124	.01	.29	.00	.26	.10
	10	.000	307.418	.04	.36	.00	.14	.42
	11	3.159E-5	589.721	.95	.11	.11	.08	.03

表 4.16　市场风险源共线性诊断[a]（2）

模型维数		特征值	条件索引	方差比例					
				厂商投入状况	产业集群成长状况	产业链完备状况	商业模式成熟度	资金状况	企业销售增长率
1	1	10.988	1.000	.00	.00	.00	.00	.00	.00
	2	.004	52.605	.00	.00	.09	.01	.00	.00
	3	.003	64.201	.05	.00	.00	.01	.00	.00
	4	.002	80.574	.01	.02	.28	.02	.00	.00
	5	.001	88.429	.01	.03	.29	.20	.00	.00
	6	.001	112.219	.03	.02	.00	.01	.03	.01
	7	.001	131.351	.17	.08	.01	.00	.00	.00
	8	.001	140.657	.03	.06	.03	.30	.34	.00
	9	.000	196.124	.00	.47	.01	.18	.25	.01
	10	.000	307.418	.69	.23	.28	.09	.22	.22
	11	3.159E-5	589.721	.01	.09	.00	.18	.15	.76

a. 因变量：市场风险源。

表 4.17 产业安全风险源输入/移去的变量

模型	输入的变量	移去的变量	方法
1	产业对政策的依赖性,海外市场占有率,本土企业市场主导地位,本土企业市场占有率,本土品牌车型竞争力,政策保护情况,外资企业战略布局状况[a]	.	输入

a. 已达到容差 =.000 限制。

表 4.18 产业安全风险源模型汇总

模型	R	R 方	调整 R 方	标准估计的误差
1	.900[a]	.810	.699	1.745 40

预测变量:(常量),产业对政策的依赖性,海外市场占有率,本土企业市场主导地位,本土企业市场占有率,本土品牌车型竞争力,政策保护情况,外资企业战略布局状况。

表 4.19 产业安全风险源 Anova[b]

模型		平方和	df	均方	F	Sig.
1	回归	155.643	7	22.235	7.299	.002[a]
	残差	36.557	12	3.046		
	总计	192.200	19			

a. 预测变量:(常量),产业对政策的依赖性,海外市场占有率,本土企业市场主导地位,本土企业市场占有率,本土品牌车型竞争力,政策保护情况,外资企业战略布局状况。
b. 因变量:产业安全风险源。

表 4.20 产业安全风险源系数[a]

模型		非标准化系数		标准系数	t	Sig.	共线性统计量	
		B	标准误差				容差	VIF
1	(常量)	2.516	43.382		.058	.955		
	本土企业市场占有率	.076	.126	.104	.603	.558	.528	1.893
	海外市场占有率	.121	.106	.183	1.142	.276	.614	1.628
	政策保护情况	.090	.172	.106	.525	.609	.389	2.573
	本土品牌车型竞争力	-.060	.132	-.069	-.459	.654	.708	1.412
	外资企业战略布局状况	.010	.210	.010	.046	.964	.348	2.869

表 4.20(续)

模型		非标准化系数		标准系数	t	Sig.	共线性统计量	
		B	标准误差				容差	VIF
1	本土企业市场主导地位	1.036	.204	.917	5.087	.000	.488	2.048
	产业对政策的依赖性	–.237	.508	–.079	–.466	.649	.557	1.794

a. 产业安全风险源。

表 4.21　产业安全风险源已排除的变量[b]

模型		Betain	t	Sig.	偏相关	共线性统计量		
						容差	VIF	最小容差
1	产业链国产化率	.[a]	.	.	.	.000	.	.000
	核心技术拥有或控制数	.[a]	.	.	.	.000	.	.000
	知识产权数量	.[a]	.	.	.	.000	.	.000

a. 模型中的预测变量:(常量),产业对政策的依赖性,海外市场占有率,本土企业市场主导地位,本土企业市场占有率,本土品牌车型竞争力,政策保护情况,外资企业战略布局状况。

b. 因变量: 产业安全风险源。

表 4.22　产业安全风险源共线性诊断[a](1)

模型	维数	特征值	条件索引	方差比例			
				(常量)	本土企业市场占有率	海外市场占有率	政策保护情况
1	1	7.992	1.000	.00	.00	.00	.00
	2	.003	48.888	.00	.09	.22	.00
	3	.002	56.589	.00	.26	.17	.06
	4	.001	84.782	.00	.01	.31	.08
	5	.001	106.206	.00	.03	.21	.29
	6	.001	122.523	.04	.04	.00	.01
	7	.000	197.557	.03	.49	.04	.52
	8	3.991E–5	447.465	.92	.09	.05	.04

a. 因变量:产业安全风险源。

表 4.23　产业安全风险源共线性诊断[a](2)

模型	维数	特征值	条件索引	方差比例			
				本土品牌车型竞争力	外资企业战略布局状况	本土企业市场主导地位	产业对政策的依赖性
1	1	7.992	1.000	.00	.00	.00	.00
	2	.003	48.888	.06	.00	.02	.00
	3	.002	56.589	.00	.00	.00	.00
	4	.001	84.782	.32	.11	.01	.00
	5	.001	106.206	.03	.05	.25	.01
	6	.001	122.523	.49	.17	.06	.02
	7	.000	197.557	.01	.55	.57	.05
	8	3.991E-5	447.465	.09	.12	.09	.93

a. 因变量:产业安全风险源。

表 4.24　政策与环境风险源输入/移去的变量

模型	输入的变量	移去的变量	方法
1	经济周期影响,传统能源发展状况,政策的持续性,政策的一致性,法律规制[a]	.	输入

a. 已达到容差 =.000 限制。

表 4.25　政策与环境风险源模型汇总

模型	R	R 方	调整 R 方	标准估计的误差
1	.583[a]	.340	.105	3.009 07

a. 预测变量:(常量),经济周期影响,传统能源发展状况,政策的持续性,政策的一致性,法律规制。

表 4.26　政策与环境风险源 Anova[b]

模型		平方和	df	均方	F	Sig.
1	回归	65.437	5	13.087	1.445	.269[a]
	残差	126.763	14	9.055		

表 4.26(续)

模型		平方和	df	均方	F	Sig.
1	总计	192.200	19			

a. 预测变量:(常量),经济周期影响,传统能源发展状况,政策的持续性,政策的一致性,法律规制。

b. 因变量:政策与环境风险源。

表 4.27 政策与环境风险源系数[a]

模型		非标准化系数		标准系数	t	Sig.	共线性统计量	
		B	标准误差				容差	VIF
1	(常量)	63.901	65.541		.975	.346		
	传统能源发展状况	.028	.172	.043	.165	.871	.693	1.442
	法律规制	.032	.264	.038	.121	.905	.489	2.044
	政策的持续性	.189	.212	.215	.893	.387	811	1.234
	政策的一致性	.544	.260	.553	2.087	.056	.672	1.488
	经济周期影响	-.464	.868	-.154	-.535	.601	.567	1.763

a. 政策与环境风险源。

表 4.28 政策与环境风险源已排除的变量[b]

模型		Betain	t	Sig.	偏相关	共线性统计量		
						容差	VIF	最小容差
1	财政政策风险	.[a]	.	.	.	.000	.	.000
	通货膨胀风险	.[a]	.	.	.	.000	.	.000

a. 模型中的预测变量:(常量),经济周期影响,传统能源发展状况,政策的持续性,政策的一致性,法律规制。

b. 因变量:政策与环境风险源。

表 4.29　政策与环境风险源共线性诊断[a]

模型	维数	特征值	条件索引	方差比例					
				(常量)	传统能源发展状况	法律规制	政策的持续性	政策的一致性	经济周期影响
1	1	5.995	1.000	.00	.00	.00	.00	.00	.00
	2	.003	46.148	.46	.46	.01	.11	.00	.00
	3	.001	73.156	.39	.39	.22	.23	.17	.00
	4	.001	94.332	.00	.00	.48	.32	.20	.01
	5	.001	102.914	.05	.05	.10	.25	.60	.02
	6	4.434E-5	367.700	.10	.10	.18	.08	.02	.97

a. 因变量:政策与环境风险源。

(一)技术风险源关键指标甄别

技术风险源的解释性风险指标为 13 个。通过多重共线性分析得知,技术研发、技术可靠性、技术更新率与技术先进性、技术成长潜力、技术壁垒存在高度线性相关性。

(二)市场风险源关键指标甄别

市场风险源的解释性风险指标为 12 个。通过多重共线性分析得知,价格变动率、市场竞争与汽车的购置与使用成本、企业销售增长率存在高度线性相关性。

(三)产业安全风险源关键指标甄别

产业安全风险源的解释性风险指标为 10 个。通过多重共线性分析得知,产业链国产化率、核心技术拥有或控制数量、知识产权数量与本土品牌车型竞争力、本土企业市场主导地位、产业对政策的依赖性存在高度线性相关性。

(四)政策与环境风险源关键指标甄别

政策与环境风险源的解释性风险指标为 7 个。通过多重共线性分析得知,财政政策风险、通货膨胀风险与政策的持续性、经济周期影响存在高度线性相关性。

三、新能源汽车产业风险关键指标筛选

运用多重共线性分析,对新能源汽车产业风险初始指标体系中的关键指标进行甄别,通过与业内专家和数理统计领域学者进行讨论,认为多重共线性分析适用于本次指标甄别,可以作为指标筛选的依据。因此,根据多重共线性分析结果,对 4 个风险源合计剔除 10 个风险指标,使作为解释变量的风险指标由原来的 42 个减

少为32个,并对风险指标编号进行了重新编排。从而形成最终的新能源汽车产业风险静态识别指标体系。新能源汽车产业风险识别与评价指标体系,见表4.30。

表4.30 新能源汽车产业风险识别与评价指标体系

目标层	风险源(一级指标)	风险指标(二级指标)
能源汽车产业风险 A	技术风险源 A_1	自主核心技术比例 A_{11}
		技术成长潜力 A_{12}
		自主核心技术比例 A_{13}
		技术的可替代性 A_{14}
		技术人员数量 A_{15}
		技术的管理与组织情况 A_{16}
		技术标准体系的完善情况 A_{17}
		技术原创性 A_{18}
		技术的突变 A_{19}
		技术壁垒 A_{110}
	市场风险源 A_2	汽车的购置与使用成本 A_{21}
		汽车的安全性 A_{22}
		基础设施状况 A_{23}
		消费者接受度 A_{24}
		厂商投入状况 A_{25}
		产业集群成长状况 A_{26}
		产业链完备状况 A_{27}
		商业模式成熟度 A_{28}
		资金状况 A_{29}
		企业销售增长率 A_{210}
	产业安全风险源 A_3	本土企业市场主导地位 A_{31}
		本土品牌车型竞争力 A_{32}
		本土企业市场占有率 A_{33}
		海外市场占有率 A_{34}
		政策保护情况 A_{35}
		外资企业战略布局状况 A_{36}

表 4.30(续)

目标层	风险源(一级指标)	风险指标(二级指标)
		产业对政策的依赖性 A_{37}
	政策与环境风险源 A_4	政策的持续性 A_{41}
		政策的一致性 A_{42}
		经济周期影响 A_{43}
		传统能源发展状况 A_{44}
		法律规制 A_{45}

第四节 新能源汽车产业风险指标分析

新能源汽车产业属于新兴产业,所谓新兴,最重要的一点是产业采用了新兴技术。所以在新能源汽车产业风险指标体系当中,最重要同时也是内容最为丰富的是技术和市场两方面因素,这是前提与基础。同时,新能源汽车产业属于战略性新兴产业,发展离不开政策的支持。新能源汽车同时也是高竞争产业,各经济体虽然在提法上有所不同,但都将新能源汽车作为国家列入战略规划当中优先发展的产业,目的是要在未来发展赢得先机,力图在新兴产业领域建立竞争优势,努力提升产业国际竞争力,规避产业安全风险。所以,产业安全与政策环境因素也是风险分析中重要的两个内容。

一、技术风险源

(一)技术先进性

所谓技术先进性是指在国际比较中,或与现有的技术相比,新能源汽车所采用的技术路线是否是先进的。技术先进性的判断标准一般根据国内外同类技术达到的参数指标来确定某项技术处于何种水平。与以前或已有的技术相比,该技术有突出的实质性特点和显著的进步,技术越先进,采用了这种技术的新能源汽车就具备了相应的技术优势,也就意味着新能源汽车具有更为优越的性能,模仿起来就更为困难。

由于新能源汽车技术处于混沌期,存在诸多技术路径。如果国家具体战略方向不明,一旦方向选择错误,国家和企业的投入就会白白浪费,丧失技术赶超机遇。所以在选择技术发展路线时,必须保证技术的先进性,在关键技术领域要能够实现突破。从相关文献来看,我国的新能源汽车在核心技术上,如整车控制技术、电机驱动系统技术、电池系统技术、动力耦合技术、发动机及变速器控制技术等，仍未取得产业化的实质性突破，部分国产零部件与进口产品的性能差距较大，电机驱动系统效率低下，电池充电时间长，使用寿命较短。

（二）技术成长潜力

一般而言，技术系统演化遵循S曲线规则，具体包括孕育，产生、成长、成熟、退出几个时期，是技术在从科学研究到产业化的过程。当然，对于我国新能源汽车产业而言，所采用的新兴技术，必然处于技术生命周期的前段。如果把S曲线比作技术的发展链，在这条发展链中的位置越靠前，其成熟度越低，技术对产业发展的支持的不确定性就越大，风险越高；相反，处于发展链中的位置越靠后，其成熟度越高，风险越小。

如果新能源汽车产业技术的成长比较缓慢，一方面是无法支撑产业的发展，也即意味着技术难题没有获得突破，同时也面临技术被淘汰的可能。

（三）自主核心技术比例

技术具有充分的先进性，也很有成长潜力，但技术本身是引进的技术，或与国外企业合作研发但本土企业处于从属地位，从而面临诸多技术壁垒问题，或需要高额的专利许可费用，或者是由于缺乏核心技术使得很多设备和专业零部件、材料需要进口，也就是技术缺乏自主性，技术容易受制于人，这必然会严重影响产业发展的自主性。

我国新能源汽车从“组装”开始起步，在核心关键部件与技术等方面相当匮乏，一是动力电池及关键原材料部分关键生产设备和试验检测仪器依赖进口；二是我国高质量动力电池正极材料产品依然需要从国外进口，高端动力电池隔膜的国产化率较低；三是电机及电控系统用电子元器件，尽管已有部分企业开始研发生产，但远没有形成规模化生产，IGBT（绝缘栅双极型晶体管）基本依赖进口。由于新能源汽车核心技术往往体现在具体的设备、部件或专用材料方面，自主核心技术比例可以用如下公式衡量，即

$$\text{自主核心技术比例} = \frac{\text{整车中自主核心部件和材料成本}}{\text{整车全部核心部件和材料成本}} \times 100\% \qquad (4-11)$$

需要注意的是，式（4－11）核心部件和材料成本还要把自主或进口的关键生产设备与试验检测仪器以及技术引进的成本分摊计入其中。

（四）技术的可替代性

由于新能源汽车采用的是全新的技术，很多技术都处于试验探索阶段，而且不同国家，不同企业所采用的技术路线也存在巨大差异，而不像传统汽车技术路线是相对稳定的。不同技术所能实现的功能、可靠性、安全性不同，技术成长的曲线也

不同。而且技术本身对于新能源汽车行业而言是最为重要的资源，不同技术往往属于不同的利益主体，技术路线本身就存在着竞争关系，有些技术不一定没有发展前景，但因为发展缓慢，被另一个在当时更具可靠性，更节省成本的技术替代时，这项技术就有面临夭折的风险，这项技术研发和试验环节所进行的大量前期投入将变成现实的损失。

技术替代可以分为两种情况，一种是局部性替代，使用范围部分重合在一起；另一种是旧技术整体上被新技术取代，其过程不可逆转。无论是哪种情况，技术替代都会改变产业的竞争态势。

（五）技术人员数量

拥有高质量的技术力量是产业发展的重要基础，尤其是对于新能源汽车产业而言更是如此。

技术力量状况与传统汽车产业技术力量状况直接相关，具体可以从数量和质量两个方面分析。从数量方面而言，主要是指具有发展新能源汽车产业要求的技术人员或组织的数量，同时也包括人员的再生产能力；从质量方面而言，则是指这些人员或组织所掌握技术的能力水平，包括掌握技术的先进性、技术的内化能力以及自身素质的持续提升能力等。

（六）技术的管理与组织情况

技术的管理与组织实际是要构建一种集成的模式，这种模式能够促进技术资源的优化配置和技术的产出。具体包括如何鼓励技术投资，如何进行专利保护，如何开展研发合作，以及技术标准化等。

目前我国的新能源汽车研发仍然较为松散，重复性、低水平研发现象仍普遍存在，骨干汽车企业新能源产品研发方面滞后，许多汽车企业并没有投入大量资金用于技术研发，而只是为获得一些财政资金补贴对传统汽车技术产品进行改造，没有核心技术；中央及地方层面的新能源汽车技术创新联盟仍缺少实质性的研发合作。

（七）技术标准体系的完善情况

新能源汽车是发展中的新兴产业，各生产企业采用的技术路线各不相同，无法用传统的标准来进行评价，只有逐步完善技术标准体系，新能源汽车的推广才有顺利进行的可能。

尽管我国近些年已经出台了一系列有关新能源汽车方面的技术和行业标准，但由于产业处于发展前期，技术路线还不成熟，很多标准的产生还涉及不同利益相关者间的博弈，导致一些关键的标准迟迟不能出台，现有的标准间配套性也较差，标准之间缺少整体上的规划，如电池尺寸标准、电池更换标准、充电桩标准、车载充电机标准等都处在探索完善阶段。没有统一标准和具体鼓励政策，企业投入资金研发会缺乏具体的指导而无所适从，从而降低标准适用的有效性和针对性。目前，我国各地和各汽车制造企业，发展新能源汽车的积极性很高，但技术标准不统一，缺乏技术规范，已经成为制约我国新能源汽车产业发展的瓶颈。

(八)技术原创性

技术的原创性是指产业拥有别人不具备的，并且是依靠自己力量获得的创新性技术成果。

目前，国家和企业在新能源汽车领域的投入依然不足，尚未形成较为完善的技术创新体系。目前，我国新能源汽车研发经费总量与比例均较低，研究与开发类型也主要集中在试验性发展领域，而在基础研究和应用研究方面，尚处于研究与开发活动的改进型研究阶段，缺乏原创性的基础研究和应用研究，因此落后于发达国家。

(九)技术的突变

技术突变是指由于技术出现了跃迁，或出现了全新的颠覆性技术，从而可能淘汰产业原有的技术。当技术沿着非线性路径演进时，技术进步则主要表现为突变的、跃迁的、非连续的过程。由于新能源汽车属于新兴产业，采用的新兴技术也正处于研发阶段，技术在现在或未来的一段时间看似是先进的，但当今世界，技术变化日新月异。一方面可能出现技术轨道的跃迁；另一方面甚至是颠覆性的变化，随时有被淘汰的可能，即转向另一种全新的技术。因此，按原有技术体系建立的产业也必将面临重新的调整，带来巨大冲击。

(十)技术壁垒

壁垒就是阻碍的意思，技术壁垒，就是技术方面的阻碍。如果技术壁垒较高，那么它应该包含两个意思：一是指技术层面的阻碍较高，如新能源汽车技术门槛较高，新进入企业很难逾越；二是指技术引进阻碍较高，主要是因为技术专利，技术许可费用，技术保护等。而且新能源汽车产业作为各国争相发展的产业，各国因维护自身技术优势的考虑，开展技术领域的合作时更会相互设置各种技术性壁垒。

二、市场风险源

(一)汽车的购置与使用成本

购置和使用成本是消费者是否选择新能源汽车最为敏感的因素。

汽车行业属于规模经济特别显著的行业，由于新能源汽车技术上还很不成熟，很多企业推出的整车都处于试验运行阶段，即使国内外少数量生产新能源车型的企业也由于产量规模的限制，上市的新能源汽车的价格都普遍高于普通汽车。虽然政府为了能够加快新能源汽车的推广速度，对购买新能源汽车消费者进行补贴，但扣除补贴后购置成本仍然很高，严重阻碍了普通用户购买新能源汽车的热情。同时，表面上看，新能源汽车日常使用成本较传统能源汽车要低得多，但如果将充电等基础设施建设和维护成本、更换电池的费用也计入后，新能源的综合成本还是很高。

所以，新能源汽车能否经过近几年的发展，实现技术上的突破，相关基础与配套设施能够不断完善，使汽车购置和使用成本与传统汽车相比逐渐接近或展现优势，这将对产业发展带来最为直接的影响。

（二）汽车的安全性

汽车整车的安全性对乘客的安全影响极大，由于原理上的巨大差异，新能源汽车在制动、驱动、变速、转向系统都与传统汽车有极大的差异。相较于传统汽车，新能源汽车由于技术尚不成熟，而且正处于市场导入期，汽车的安全性对消费者的选择有巨大的影响，消费者对传统汽车的安全性已经具有了相对稳定的认知，即使出现了安全事故，对市场的影响也可以预见和控制。

（三）基础设施状况

基础设施建设是新能源汽车未来得以大规模应用的必要前提。发展新能源汽车需要建设全新的充电设施，燃料加注设施及进行相应的场站建设，全新的运维服务体系，但基础设施建设需要突破诸多瓶颈制约，如在技术方面，具体如充电标准的确立、端口的匹配、安全上的要求等。在资金方面，新能源汽车基础设施建设需要投入大量的资金，在预期收益不确定的情况下，融资将变得更为困难，也会影响投资主体的参与积极性。在土地方面，在现有城市架构内征用大片土地，这对于土地资源越来越紧缺的城市来说，将面临着巨大挑战。同时，建设充电设施等还要考虑普及、便利性问题。未来，即使充电建设规模的扩大和设备成本的下降有望减少建设成本，但对基础设施方来说仍是面临不小的挑战。在基础设施建设上，新能源汽车所面临的问题远远超过了传统汽车。

（四）消费者接受度

新能源汽车作为创新型产品，必然面临前期推广的阻碍。在新品的市场扩散过程中，由于受消费者个人性格、文化背景、受教育程度和社会地位等因素的影响，对新产品接受的速度不同。由于新能源汽车总体上看还处于市场导入阶段，技术不成熟、对于消费者而言，新能源汽车的安全性也存在顾虑，而且日常维护方式与传统汽车也有极大的不同，由于传统汽车形成的消费习惯使得对新能源汽车存在偏见的可能，即存在一种认知风险，消费者存在对购买结果的“不确定性”和“后果的危害性”认识。此外还存在一个网络外部性问题，网络外部性是由于其他消费者使用同一产品或服务而产生的好处，并且消费者在产品或服务中所获得的效应是随使用或购买该产品的消费者数量的增加而增加的。

如2013年6月,广州市"限牌令"试行期内最后一次增量指标摇号正式结束,如同之前数次一样,普通车指标被一抢而空,个人和单位普通车摇号的中签率为5.4%,约18.2人争抢一个。而新能源车仍有八成没人要。在新能源汽车示范推广上也能显示出消费者对新能源汽车的接受情况还不乐观,截至2013年3月,我国节能与新能源汽车试点初期提出私人领域10万辆的推广目标没有完成,推广数量不足推广目标的10%,差距还很大。

(五)厂商投入状况

厂商投入状况是指厂商投入新能源汽车的意愿,以及将资源投入到新能源汽车产业的数量和质量。厂商投入意愿要依据厂商对投入与产出,对短期效益与长期效益,对新源汽车产业风险的好恶,对产业未来的预期等综合的考量都有直接的关系。

目前,中国的传统汽车产业发展很快,相对新能源汽车产业来说利润比较高,而新能源汽车产业还处于初期创新阶段,市场占有率低,风险很高,汽车企业投入新能源汽车的意愿会受到很大影响。厂商能否持续的投入新能源汽车将对市场的成长与发展有着至关重要的影响。

(六)产业集群成长状况

汽车产业集群是指集中于一定区域内的汽车整车生产企业、汽车零配件企业及其相关部门,通过纵横交错的网络关系紧密联系在一起,从而形成的空间集聚体。汽车产业相关企业聚集在一起,彼此相互竞争又共同合作,非常有利于提高汽车产业的竞争实力。

我国实际已经按照目前的汽车产业格局,形成了若干汽车产业集群,新能源汽车也往往依据原有的集群逐步形成。但由于新能源汽车原理上的变革,与整车相配套的产业还是一个新的投资领域,且风险很大,而已有一定成长基础的新能源汽车产业集群由于自身实力问题成长也比较缓慢,所以,未来产业集群的成长状况具有较大的不确定性。

(七)产业链完备状况

新能源汽车产业链是在传统汽车产业链的基础上增加了电池行业、电机、电控系统,并逐步延伸至上游原材料行业,如生产电池及控制元件有关的锂、稀土等资源领域,以及下游的基础设施、运维服务、金融服务等。汽车产业链条长,范围广,一个传统汽车产业链涉及一百多个产业,与国外发达国家相比,我国传统汽车产业链无论从完善程度还是从自主度上都存在很大差距,这会无形中增大新能源汽车产业链构建的难度。新能源汽车是一个复杂的产品系统,与新能源汽车产业链相关的产业也很多,其构成也要比普通产品的产业链复杂许多。以纯电动汽车为例,相较于传统汽车,上游主要增加了锂离子电池、电机及控制系统、汽车整车控制系统,下游则增加了充电设施、电池回收等产业。与新能源汽车直接相关的产业如果没能实现突破,则整个产业链都将面临落后的风险。产业的竞争某种意义上讲就是产业链的竞争,新能源汽车的产业链越完备,则抵御风险的能力也越强,相反,抵御风险能力就弱。

(八)商业模式成熟度

有效的商业模式能为产品搭建一个促进技术进步的平台,还能根据新能源汽车技术现状及市场情况,通过分摊成本与新建获利平台等手段,重新分配各环节成本,确保交易各方都获利。概括而言,目前新能源汽车商业模式主要有两类,分别是以单一企业运营为核心的商业模式和以社会服务为核心的商业模式。不管哪种模式,都面临技术性与社会性双层面问题,与技术的可行性、效益性,以及不同利益主体间的博弈有着密不可分的关系。经过新能源汽车产业的逐步发展,是否可以获得一种成形的、方向性的商业模式,在此基础上,逐步成熟,所有这些都具有很大的不确定性。

(九)资金状况

新能源汽车属于资金密集型行业,在技术的研发创新、专业人才队伍建设、整车项目建设、基础设施建设、运维体系建设、新能源汽车市场推广等方面,都需要充足的资金作为保障。我国新能源汽车发展所需的资金主要来源于政府和企业。根据我国的国情,政府对新能源汽车投入不可能是充足的。一方面是因为我国的新能源汽车发展呈现百花齐放的局面,使政府的投入资金分散;另一方面只有企业取得一定的成果,才能得到政府的大力支持。由于新能源汽车处于产业化前期阶段,市场前景有待进一步观察,预期收益带有很大的不确定性,这对投资主体的投资意愿也将会带来巨大的影响,对于汽车企业而言,容易造成融资渠道不畅的问题。

(十)企业销售增长率

新能源汽车产业发展的重要标志是马路上出现了大量的新能源汽车。对于企业而言,要实现新能源汽车的价值,必须通过市场交易来实现。要实现新能源汽车销量的快速增长,一方面要依赖于新能源汽车综合经济技术指标能逐渐满足消费者要求;另一方面则需要企业具有很强的市场营销能力,特别是在目前新能源汽车市场认知度较低的情况下,企业更加需要注重营销的策略和手段,获得销售增长率的持续提升,以使企业能应对将来更加激烈的竞争。企业销售增长率计算公式为

$$\text{销售增长率} = \frac{\text{本年销售总额} - \text{上年销售总额}}{\text{上年销售总额}} \times 100\% \qquad (4-12)$$

三、产业安全风险源

(一)本土企业市场主导地位

从目前我国传统汽车产业来看,本土企业的市场主导地位尚未确立,而新能源汽车产业的发展又以传统汽车产业为基础。相较于本土企业,外资企业具有雄厚的资本实力,已经具有成熟的市场运作经验,在新能源汽车领域必然也要努力维护和保持自己的主导地位。而一旦如此,本土企业则很难再有反超的机会,整个产业将面临巨大的产业安全风险。

(二)本土品牌车型竞争力

品牌对于汽车企业而言意味着生命。品牌代表一种文化,体现品牌背后企业的综合实力,本土品牌车型竞争力体现了本土新能源汽车与国外品牌相比,在消费者中是否具有一定认知度,人们在购买新能源汽车时,是否会给予优先考虑。如果在培育和发展新能源汽车产业时,没能形成本土具有高竞争力的新能源汽车品牌或形成一个品牌群,则很难保证本土品牌会有一个相对较高的市场占有率,也即意味着本土的新能源汽车市场更多地被国外品牌所占据。

即使国内相对比较成熟的混合动力车,与欧洲国家、美国、日本车型相比仍有较大差距。我国新能源汽车市场推广缺少明星车型产品。从单车型销量来看,截至 2013 年 6 月底,日产聆风(LEAF)全球保有量约 6.9 万辆,成为全球保有量最多的新能源汽车产品;通用沃蓝达(Volt)全球累计销量已超过 4.4 万辆,仅 2012 年沃蓝达(Volt)在美国销量就达到 2.3 万辆。在我国,至今尚没有一款新能源汽车产品销量能与聆风、沃蓝达(Volt)等车型产品媲美。截至 2013 年 5 月,江淮同悦纯电动汽车累计销售 4 300 余辆,是我国推广数量最多的新能源汽车产品;其次是比亚迪 e6 纯电动汽车,截至 2013 年 5 月累计销售 2 793 台。

(三)本土企业市场占有率

中国是世界第一大汽车产销国,是“兵家必争之地”,世界各汽车巨头都把中国作为最为重要的市场,谋求获得和保持一个高的市场占有率。而且一旦形成相对稳定的市场竞争格局,再打破这种格局将变得极为困难。所以,中国新能源汽车产业能否发挥本土优势,在未来几年逐渐提升本土企业汽车的市场占有率,扭转外资企业主导市场的格局,关系着本土企业能否持续壮大的问题。而发达国家已大规模投入新能源汽车技术的开发,并且已有很多新能源汽车已批量生产并投放市场,因此对中国自主品牌获得一定市场占有率也是极大的挑战。本土企业市场占有率可以用下式表示,即

$$本土企业市场占有率 = \frac{市场上本土企业生产新能源汽车数量}{市场上全部企业生产新能源汽车数量} \times 100\% \tag{4-13}$$

(四)海外市场占有率

对海外市场的拓展情况,一方面体现了新能源汽车企业走出去的能力,为未来企业全球化发展奠定基础;另一方面,由于具有国内和国外两个市场,也有利于分散风险。虽然我国一些企业在传统汽车方面具有一定的海外份额,但规模较小,市场也较为低端,是否会在新能源汽车产业方面有所改善值得关注。海外市场占有率可以用下式表示,即

$$海外市场占有率 = \frac{本国出口的新能源汽车数量}{世界全部出口的新能源汽车数量} \times 100\% \tag{4-14}$$

(五)政策保护情况

由于新能源汽车产业处于刚刚起步阶段,难以应对外部竞争,政府借助法律、财税、贸易壁垒等手段对本国的新能源汽车产业进行保护,扶持产业的发展。传统汽车产业是新能源汽车产业发展的基础,虽然我国谋求在新能源汽车领域获得突破,努力实现跨越式发展,提高与外部企业竞争的能力,但在产业发展的前期,还是要借助政策的保护,以赢得发展时间。但同时面临的问题是,当今在多边与双边自由贸易协定之下,可利用的保护手段变得越来越少,具体保护政策上面临着实际操作风险,所以,政策对产业的保护也面临着巨大的不确定性。

(六)外资企业战略布局状况

国外汽车业巨头有着雄厚的资金、技术基础和丰富的管理经验,并且拥有众多世界知名品牌,由于新能源汽车产业发展的一些共性的瓶颈制约因素尚未解决,外资企业在进行相应的战略布局时,也表现得尤为审慎。但随着产业的进一步发展,一旦时机成熟,外资企业的战略布局将可能具有极大的侵略性,对我国的新能源汽车产业产生巨大的冲击。

(七)产业对政策的依赖性

产业发展是否过多地依赖政策的支持与保护,体现了产业是否具有“自立和进取精神”。如果产业的发展不是通过苦练内功,提高自身素质,而是一味追求政策的支持,那么产业也很难壮大。如目前我国的一些汽车企业并没有真正地想发展新能源汽车,而仅仅是为了套取国家政策及资金的支持,这样的企业必然在新能源汽车产业很难有所作为。如果整个新能源汽车产业有很多这样的企业,则产业很难发展起来。

四、政策与环境风险源

(一)政策的持续性

国外鼓励节能与新能源汽车发展有一系列连续政策,包括基础研究与试运营阶段的扶持和资助、财税政策、技术法规和标准、交通管理措施等。与国外相比,我国对新能源汽车产业化的后续支持政策比较缺乏,政策缺乏连续性。这也是目前国内汽车企业尽管大都推出了新能源汽车,但几乎都处于样车或是示范运营阶段,并未真正实现商业化的重要原因。

政府现在支持多种新能源汽车共同发展,但很难说某种新能源汽车将来不会被政府所忽视或抛弃,一旦出现这种情况,对于前期已经投入的资金、人力、物力等成本就变得毫无意义,这将使得企业面临巨大的政策风险。

(二)政策的一致性

政策的一致性要求国家在发展新能源汽车产业时,要形成长期稳定的激励和约束机制。受众多因素影响,目前我国新能源汽车产业相关政策的持续性和及时性严重不足。其中最明显的当属示范推广政策,根据计划,示范推广工作已于2012年底结束,但新的示范推广政策到 2013 年 9 月才出台,导致地方政府和相关企业在相当长一段时间内持观望态度,搁置相关新能源汽车推广和生产计划,产业发展步伐明显放缓。

(三)经济周期影响

经济周期也称商业周期,是指经济运行中周期性出现的经济扩张与经济紧缩交替更迭、循环往复的一种现象。它是国民总产出、总收入和总就业的波动,也是国民收入或总体经济活动扩张与紧缩的交替或周期性波动变化。一个产业发展的好坏,既受其内部条件的影响,又受其外部宏观经济环境的影响。经济周期波动的扩张阶段,是宏观经济环境和市场环境日益活跃的阶段。这时,市场需求旺盛,就业率高,对于新能源汽车而言,上行商业周期为新能源汽车市场的活跃及购销两旺带来可能。相反,如果经济萧条,尤其是在新能源汽车产业发展的初级阶段,产业将面临发展停滞的风险。

(四)传统能源发展状况

虽然世界各国尤其是发达的经济体都在努力发展新型能源,但在相当长的一段时间内,传统能源还会占据主导地位。此外,传统能源产业在某种程度上也在获得发展和进步,如由于勘探技术或开采技术的进步,发现了新的大储量的油气田,或者过去不能或很难开采的劣质矿或特殊矿藏开采现在变得可能。例如,美国和中国都有巨大储量的页岩气资源,因技术及经济性问题,过去都没有进行大规模的开采，随着技术的进步，目前已经初步具备大规模的开采条件。如果因为传统能源产业的发展使得传统能源的供给缺口变小，对于新能源汽车产业而言，产业发展的迫切性就会降低，进而产业也会间断的失去发展动力。

（五）法律规制

由于新能源汽车技术尚不成熟，安全性还缺少经验数据论证，如果市场上出现了众多的新能源汽车运行事故，则不排除从法律上对产业发展进行限制。再如电动汽车报废的电池可能对环境造成污染，法律可能会推行强制的处理方法，这样可能会额外增加企业的成本，也可能推行一种全新的电池行业标准，则必然给原有新能源汽车电池产业链带来巨大冲击。

第五节　基于风险因素交互关系的新能源汽车产业风险识别

上一节对新能源汽车产业具体的风险指标进行了分析，但这种分析偏重于静态分析。虽然前面在研究风险产生机理时进行了网络性风险分析，其中包含了主体间的交互，一定程度上体现了动态性，但这种方法在一定程度上存在内涵清晰、外延不明确的问题。为解决上述问题，本书在借鉴相关文献研究成果的基础上，提出了一种 FIR 分析模型（Factor - Interaction - Risk Model，因素 - 交互行为 - 风险），用于分析与识别新能源汽车产业风险。该方法的优点是：一方面能够把各个因素综合在一起，通过交互关系呈现出因素间相互影响的立体图景；另一方面，新能源汽车作为新兴产业，产业影响因素和外部环境时刻处于变化之中，通过在不同时间断面对因素及交互关系的分析，体现了动态性，更符合产业发展实际。该方法较好地解决了以往文献中风险分析缺少动态性、因素间关系晦涩的缺点。

一、FIR 风险分析模型框架及实施步骤

FIR 模型分析的框架如图 4.5 所示。

按照上述框架，运用 FIR 风险模型分析识别新能源汽车产业风险的操作步骤包括：

（一）分析影响新能源汽车产业发展的因素

因角度不同，对新能源汽车产业发展影响因素的划分可能会有差异，但不管怎样，分析的过程要保证把影响因素尽量搜集全面，尤其是不要遗漏重要的影响因素，同时，为了更好地做交互分析，因素间的界限要力求清晰。

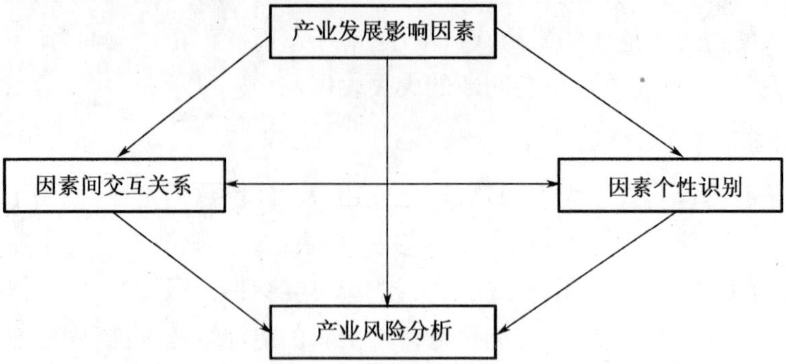

图 4.5　FIR 模型分析框架

(二)因素个性识别

个性,在心理学中的解释是:一个区别于他人的,在不同环境中显现出来的,相对稳定的,影响人的外显和内隐性行为模式的心理特征的总和。个性具有发展性特征,婴儿出生后并没有形成自己的个性,随着成长,其心理不断丰富、发展、完善,逐渐形成其个性。从形式上讲,个性不是预成的,而是发展的产物。新能源汽车产业属于新兴产业,处于发展前期,影响产业发展的因素也都处于生成阶段,很多因素还没有达到稳定生长的状态,影响产业发展的各个因素也同样处于成长和发展变化之中,由于历史的、发展的原因,因素会表现出自身的特点。可以把这些影响因素比作人的儿童阶段,将要向怎样的个性方向发展与其先天素质、成长环境有着密不可分的关系。每种因素的具体表现在与其他因素的交互过程中会显现的更为鲜活。我们给因素赋予人格,回溯因素成长的过程,从生理和心理两个层面,并由此去分析因素的个性特征,是进取型还是依赖型?是积极型还是消极型?再进一步分析因素目前及将来可能的行为特征。例如,技术因素与其他各个因素彼此的交互关系中会是怎样的表现,为什么会如此表现?其中的原因到底是什么?为了回答这些问题,需要结合一个国家或区域的技术基础现状、产业技术发展现状、人力资源状况和技术管理现状等,用历史的、发展的眼光识别因素的个性。

(三)建立因素交互关系矩阵

在深入分析影响新能源汽车产业发展因素和识别因素个性的基础上,建立因素交互关系矩阵,以清晰地表明各因素间正反两个方向的作用关系。

分析因素间交互关系时很重要的一点是要确定交互关系的类型,每一对因素在交互过程中,根据因素的个性特征,按照积极、消极和惰性三类互动关系进行划分,所谓惰性是指在交互过程中一个因素不受另一个因素的影响。积极的交互关系往往利于产业发展，也就意味着有利于降低产业风险；相反，消极或者惰性的交互关系则会增大产业发展的风险。但每两个因素间的关系并不是简单的逆向关系，而是各自单向的关系一起构成一对交互关系，即

$$\begin{cases} A \rightarrow B \\ B \rightarrow A \end{cases} \tag{4-15}$$

也就是因素 A 对因素 B 的影响不是因素 B 对因素 A 的影响简单的逆向关系。例如，考虑技术因素和市场因素间的交互影响，技术对市场的影响可能是由于新能源汽车技术的快速发展，对市场的发展具有良好的促进作用；相反，市场对技术的影响可能是由于市场的快速成长，为新能源汽车技术的发展提供了资金、人力、用户反馈信息等支持，对技术的进步也产生促进的作用。通过上述两个方向的分析，很好地说明了技术与市场的相辅相成关系，当然，实际的互动关系也可能是消极的或惰性的，要具体情况具体分析。

表 4.31 仅从积极与消极两个角度分析各驱动要素间可能的交互关系。对交互关系也可以进行量化描述，具体可以按照积极到消极划分为 5 个等级，即积极对应等级为 5，惰性对应为 3，消极对应值为 1，介于两者之间则分别为 4 和 2。

表 4.31　各驱动要素间可能的交互关系

	技术	市场	政策
技术	—	推动或滞后	进取或依赖
市场	促进或滞后	—	进取或依赖
政策	积极或消极	积极或消极	—

图 4.6 显示了政策因素对市场作用。对交互关系量化可采用专家调查法或文献分析等方法进行。

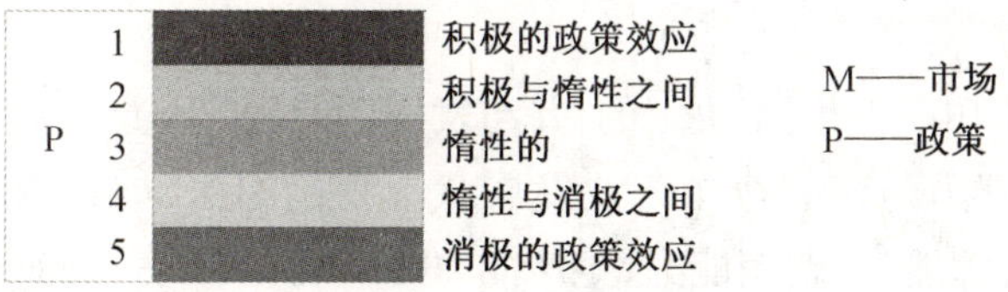

图 4.6　政策因素对市场的作用示意图

确定了两两因素间交互关系后，将所有因素间的交互关系列在一起，就可以得到因素间交互关系矩阵。

（四）产业风险识别

在全面综合因素、因素个性、因素间交互关系的基础上，对新能源汽车产业风险进行识别，具体可获得对整体产业的风险描述矩阵，风险描述矩阵如图 4.7 所示。为了更清楚地分析风险，除了看风险描述矩阵以外，还要结合因素交互关系矩阵一起分析。

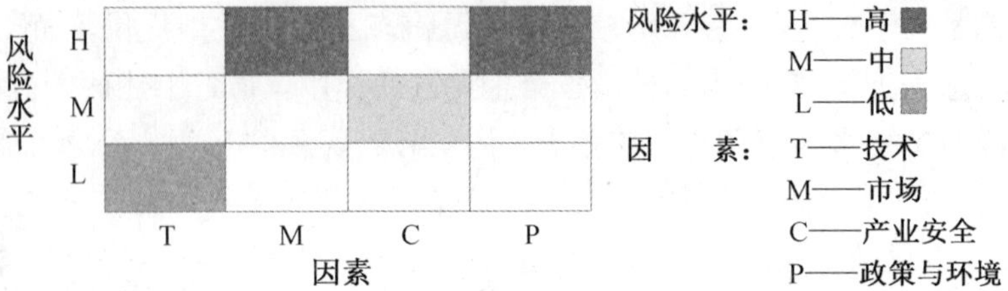

图 4.7　风险描述矩阵

二、基于 FIR 风险分析模型的我国新能源汽车产业风险的识别

（一）影响因素分析

按照本书第三章分析新能源汽车产业风险形成机理的思路，根据影响新能源汽车产业因素的来源，可将影响新能源汽车产业发展的因素分为先天因素、现实能力和偶然因素三种类型。

1. 先天因素

先天因素，即与先天禀赋直接相关的因素，体现了产业可能的先天素质和成长潜能。该类因素的特点是较为稳定，随时间的变化也较为缓慢，变化的路径也易于把握。

2. 现实能力

现实能力，即由先天因素决定的，并与发展新能源汽车产业直接相关的一系列能力构成，这种能力与传统汽车产业发展状况直接相关，如与汽车产业的创新能力、人才状况、管理能力、营销能力、生产能力等。现实能力一方面受产业先天因素的决定，同时与自身的发展有更为直接的关系。对于新能源汽车产业而言，这种能力正处在培养和形成阶段，且时刻处于变化之中。

3. 偶然因素

偶然因素，即那些在产业发展过程中随机的、突发的因素。该类因素的特点是发生什么、什么时候发生、发生之后的影响及程度都很难预料与评估。根据偶然因素的性质可以划分为积极和消极两种，消极因素对其他因素的影响较为直接，从而使其他因素的变化轨道也随之发生突变，一般对现实能力的影响更为剧烈，而对先天因素的影响相对温和，即先天因素从长的时间断面上看还是依照自身规律进化。

实际在分析新能源汽车产业影响因素交互关系时，我们希望交互关系内容越丰富越好，这样才能捕捉到更多的信息，所以在因素的划分上要力求因素间具有强的区分度与清晰边界。如按先天因素、现实能力、偶然因素划分，三类因素间，尤其是先天因素与现实能力间存在着递进性或继承性，这会使交互活动分析变得困难。

一般认为，产业发展驱动力有如下几种情形，即技术推动、需求拉动、市场推动、政策推动等。为了便于对问题的分析，同时考虑与相关研究的继承性，本书从影响新能源汽车产业要素构成的角度，将其分成技术因素、市场因素、政策与环境等三类因素。同时，考虑到开放经济条件下，产业的发展必然面临外部的竞争，可能会带来产业安全问题，所以，第四类因素是产业安全因素。这几类因素间边界较为清晰，交互关系比较明确，可以获得更多有价值的信息。

而实际在分析这四类因素本身或它们之间的交互关系时，我们还是会探究因素之所以呈现出某种特点和因素间可能的交互关系形态产生的根源，即还会循着从先天因素、现实能力、偶然因素及它们之间的关系中分析出技术、市场、产业安全、政策与环境的可能特征，不同类别划分下因素间关系如图 4.8 所示。

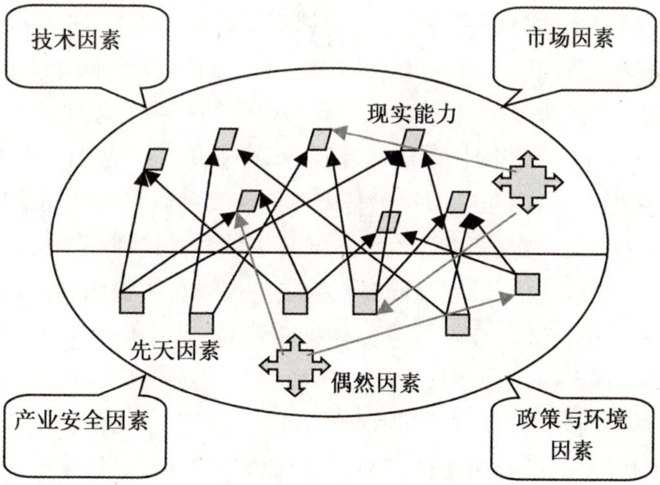

图 4.8　不同类别划分下因素间关系

(二)因素个性识别

从技术因素而言,由于我国基础研究还比较弱,科技创新体系尚不完善,技术先天因素对新能源汽车产业发展所需的现实技术能力支撑不足,很多关键技术还没突破。技术因素从整体而言,还不能对我国新能源汽车可持续健康发展提供良好的支撑作用;从个性而言,技术因素的独立性还较差,对外在因素的依赖性较强。

从市场因素而言,我国新能源汽车的成本、安全性还与消费者的期待存在较大的差距,产品的市场接受度较低,企业的投资意愿也不强烈,企业对新能源汽车市场的预期不明朗,很多企业采取一种观望的态度,并希望获得政策支持,而且与新能源汽车产业发展相关的基础设施还不完善,商业模式也不成熟。从个性上而言,我国发展新能源汽车产业的市场因素从整体上看属于依赖型人格。

从产业安全因素而言,我国传统能源汽车企业的实力与国外巨头相比还有很大的差距,而且考虑到中国巨大的汽车市场,外资企业将会选择合适的时机在中国进行新能源汽车相关战略布局,而在我国新能源汽车产业国际竞争力在相当一段时期还不能形成的情况之下,产业安全因素还是要依赖于其他因素的支持。

对于政策和环境因素,由于受我国过去计划经济体制的影响,我国新能源汽车产业政策主导的色彩还比较浓厚,政府干预的意愿比较强烈。从人格特性而言,我国发展新能源汽车产业政策因素属于领导型或干预型个性。

(三)因素交互关系矩阵的建立和产业风险识别

通过上述因素个性分析,掌握了因素个性特点和行为特点,将因素两两组合,建立因素间交互关系矩阵,具体如图4.9(1)所示,再对各影响因素进行综合考虑,对我国新能源汽车产业风险进行识别。本书在总结相关文献研究的基础上,利用因素间交互关系矩阵,对当下中国新能源汽车产业的风险进行简单的描述(见图4.9):从技术角度分析,由于我国技术基础无论从基础研究方面还是技术的管理方面较国外尚有一定的差距,新能源汽车技术自主性和先进性还不够,相对于市场和产业竞争力对其要求还比较滞后,同时与政策的关系也不敏感,即政策对技术促进影响与期望结果尚有差距,技术风险整体处于高位;从市场角度分析,新能源汽车市场对政策的依赖还很大,同时,由于中国作为第一大汽车消费市场,具有巨大的成长潜力,市场对技术的进步和产业竞争力的提升具有一定的促进作用,但由于市场对政策的依赖较大,市场风险也较高;在产业安全方面,总体来看,我国的新能源汽车产业竞争力还较弱,对技术还起不到支持作用,对市场的作用也比较滞后,过多地依赖政策的保护,但受政策保护之下,以及外资企业对新能源汽车产业的观望态度,现实的风险并不大;从政策角度分析,政策自身还有很多方面需要捋顺,政策对技术的促进作用不显著,同时,由于产业处于扶持期,政策对市场的干预较大,现有政策尚有许多不足之处，政策风险也很大，具体各因素的风险水平见图 4.9(2)所示。

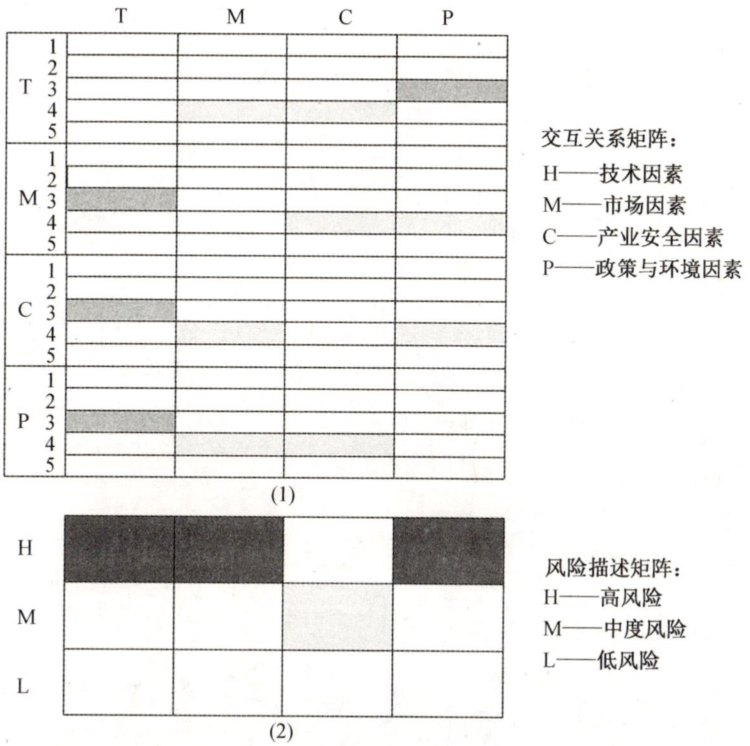

图 4.9　基于 FIR 模型的我国新能源汽车产业风险识别

(1)因素间交互关系矩阵；(2)各因素的风险水平

随着时间的推移和产业的发展，考虑因素在不同的时间断面下的成长与变化，则可以建立产业全方位、立体的时空景象，以进一步推断产业风险可能变动的趋势。由于这种趋势的推断需要通过对产业发展各个阶段进行观察的基础上得出，根据每一阶段因素的实际变化，重新规划各阶段因素交互关系矩阵，是一个持续的过程。鉴于此，为了更好地说明 FIR 模型的具体应用，在综合现有文献研究成果的基础上，本书假设未来我国新能源汽车产业可能会采取三种基本主导发展模式，即技术驱动模式、市场驱动模式和政策驱动模式。不同驱动模式下新能源汽车产业风险的可能变化趋势如图 4.10 所示，图的最左侧显示的是目前的状态，右侧则展现了三种不同驱动模式在分别经历两个发展阶段后因素间交互关系和风险描述矩阵可能的变化情况。具体：

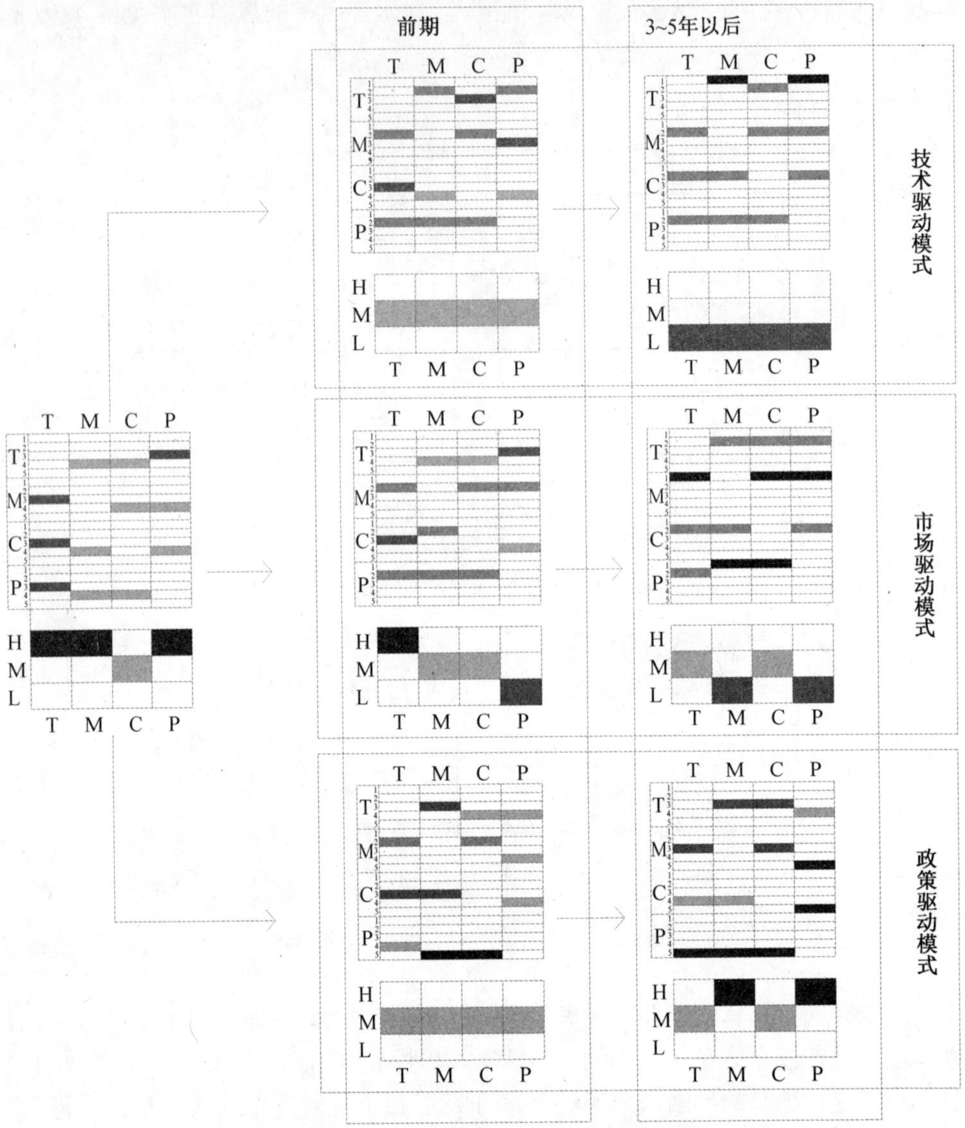

图 4.10　不同驱动模式下新能源汽车产业风险的可能变化趋势

在技术为主导的驱动模式下，由于新能源汽车产业属于新兴产业，采用的技术是新兴技术，技术创新与突破对于产业的发展至关重要。在这种模式下，因技术瓶颈获得突破，技术对市场、产业安全、政策因素的支持作用凸显，使各要素的风险在较短时间内处于中度水平，再经过几年的全面发展，整体风险都可能会处于低位。这种模式能够实现的基本前提是中国基础科研水平和科技管理水平能够较快提高。

以市场为主导的模式下，由于市场机制的作用得到良好的发挥，同时政策采取了间接的、适度的、合理的干预，市场和政策风险降低较快，而技术和产业竞争力在市场的支持下也获得了快速的提升与发展。由于主要借助于中国的庞大市场规模以及企业营销水平的提升，整个新能源汽车产业可能忽视了技术进步的重要性，易造成后续发展动力的不足，使技术和产业竞争力风险处于中间水平。

以政策为主导的模式下，对政策的创新性和合理性要求很高，但对于新能源汽车产业而言，要满足上述要求将会非常困难。由于政策的干预，短期内效果会很明显，对市场和技术的支持作用较大，从而使上述因素的风险水平获得降低。但长期来看，过度的干预会使政策本身及市场风险都加大，技术和产业竞争力的提升也会缓慢。

本书所假设的三种基本驱动模式只是提供了一个基本的分析思路，新能源汽车产业在实际发展过程中，究竟会采取怎样的主导方式是很难把握的，一定是根据具体的情况而定，或者没有一个既定的模式，实际发展中会根据实际环境与条件的变化进行调整。

第六节　本章小结

本章从风险源的角度对我国新能源汽车产业风险进行静态识别。首先介绍了风险源的概念，并从风险源的角度，在遵循相关原则的基础上，运用多重共性方法对指标进行筛选，识别出我国新能源汽车产业的关键风险源。考虑到识别产业风险源仅是孤立地分析各风险因素显然还不全面这一实际情况，本章又运用了 FIR 分析模型（Factor – Interaction – Risk Model，因素 – 交互关系 – 风险），主要从风险要素间的交互关系对我国新能源汽车产业风险进行了识别。该模型尤其适用于新兴产业风险的识别，会充分考虑到产业影响因素的根源性和发展性。该方法也为后面具体分析新能源汽车产业的风险提供了良好的框架。

第五章　基于情景分析的我国新能源汽车产业风险识别

第一节　情景分析方法的基本原理及运用思路

一、情景分析方法的基本原理

(一)情景色及情景分析的概念

“情景”(Scenario)一词最早出现于1967年Herman Kahn和Wiener合著的*The Year 2000:A Framework for Speculation on the Next Thirty - Three Years*一书中。他们认为:未来是多样的,几种潜在的结果都有可能在未来实现;通向这种或那种未来结果的途径也不是唯一的,对可能出现的未来以及实现这种未来途径的描述构成一个情景。“情景”就是对未来情形以及能使事态由初始状态向未来状态发展的一系列事实描述。娄伟认为,情景分析是基于未来发展的不确定性,对未来的发展做出多种可选择的描述,这不同于预测技术的“过去 - 现在 - 未来”的趋势外推思想。

(二)情景分析的目的

采用情景分析的目的不是预测未来到底是哪种情景,也不是为未来的各种情景的出现概率赋值,而是通过多种情景将未来环境的发展变化演示出来,利用情景提供的关于未来的信息,深刻理解不确定性并为之做好准备,以便在未来从容应对。

(三)情景分析方法的特点

宗蓓华教授总结国外相关的研究成果后,总结了情景分析方法的以下几个本质特点:

(1)承认未来的发展是多样化的,有多种可能发展的趋势,其预测结果也将是多维的;

(2)承认人在未来发展中的能动作用,把分析未来发展中决策者的群体意图和愿望作为情景分析中的一个重要方面,并在情景分析过程中与决策者之间保持畅通的信息交流;

(3)在情景分析中,特别注意对组织发展起重要作用的关键因素和协调一致性关系的分析。

(四)情景分析方法的应用

情景分析主要适用于战略管理、政策分析、风险评价、决策管理、可持续评价等领域。

在国内关于情景分析方法的应用,很多侧重于与环境、能源相关的研究,如张文平运用情景分析的方法对中国有色金属产业碳排放问题进行了研究;张斌、刘小敏分别对中国2020年碳排放强度进行了情景分析;朱凯从天然气利用技术(例如GTL)和政策(例如出口许可)两个维度,对天然气气价和页岩气开发的发展趋势进行定性的矩阵式情景分析;孔红杰针对金融危机后全球经济放缓给铁矿石产业前景带来的困境,在介绍情景分析法的基础上,利用情景分析法对国内外铁矿石产业现状及未来发展进行了探讨,对铁矿石产业未来可能出现的4种发展情景即成长缓慢型发展、技术滞涨型发展、竞争充分的发展、寡头垄断发展及对策进行了分析;田金平等运用情景分析方法研究了浙江沿海地区经济发展方式对环境产生的压力。

情景分析法具体应用在产业研究方面,金惠群运用情景分析方法对我国卷烟产业发展趋势及其未来情景进行了分析研究。

情景分析法在风险研究方面的运用,饶伟等通过介绍当前项目发展趋势,论述研究项目风险识别重要性,分析常用风险识别方法的优缺点,提出了一种基于情景分析思想的项目风险识别方法,详细阐述了该方法的内涵、组织结构、实施步骤、优势及适用范围。情景分析法应用在供应链风险研究也是一个热点。Christoph Markmann等基于德尔菲法研究了多利益相关者情境下识别和评价未来供应链安全问题。该研究认为,由于涉及众多跨国界的利益相关者,他们对安全的需求和评价有着不同的认知,故全球供应链风险问题变得很特殊。正因为如此,确定哪些方法更加适合复杂的、多维组织情境下的风险评价问题变得尤为重要。宁钟、王雅青在对供应链风险的情景分析基础之上,提出了一套包括供应链风险的背景设定、风险因子识别、情景开发、供应链薄弱环节识别和风险组合构建的识别流程,并结合一个全球性公司案例,分析了其全球供应链风险的情景识别。姜凯耀等在对集群式供应链系统的风险进行定义的基础上,结合金融风险管理中广泛使用的识别工具——情景分析法和流程图法,对集群式供应链系统的风险识别方法进行了分析,完善了产业集群式供应链系统风险管理的相关内容。

在新能源汽车产业方面,Johannes Warth 等提出了一种基于多立场方法的多利益相关者情景规划方法来分析电动汽车产业的未来。该研究认为,由于在从传统的燃油动力汽车到电动汽车这种社会与技术转移过程中涉及众多不同利益相关者,该研究提出了一种基于多立场条件下的情景规划方法,采用德尔菲法进行数据处理,在德国对来自 15 个不同利益相关者小组的 140 位专家进行调查,对 2030 年的多立场观点进行了映射分析。针对专家意见的高离散度问题,运用了 5 步多立场分析法,开发出了 7 种冲突意见的多利益相关者关于 2030 年电动汽车情景;黄鲁成、顾成建通过借鉴斯坦福研究院的情景规划 6 大步骤,分析了我国电动汽车产业的未来。庄幸、姜克隽针对影响电动汽车发展的主要制约因素进行分析,探寻我国纯电动轿车的未来发展路径、展现预期情景、预估发展目标和明确政策需求,最终提出我国电动汽车未来发展的路线图。

二、基于情景分析法的新能源汽车产业风险识别框架

(一)新能源汽车产业风险多元识别主体界定

新能源汽车产业风险识别的主体与客体的关系,如图 5.1 所示。

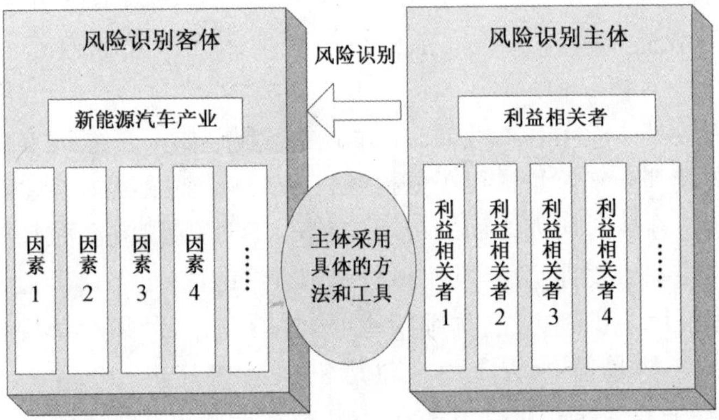

图 5.1　新能源汽车产业风险识别的主体与客体的关系

明确风险识别的主体,则有利于全面分析主体与客体的关系和主体的行为指向。产业是社会分工的产物,产业的成长或发展是人类有意识改造世界的活动,是人与自然有机的交互过程,所以产业既具有自然属性,同时也具有社会属性。作为战略性新兴产业的我国新能源汽车产业,未来发展具有高度的不确定性,且未来具体发展方向和状态与产业利益相关者现在及将要作出的决策密切相关。当我们去罗列风险识别的主体时,它可以是政府部门,可以是科研机构,可以是行业组织,可以是消费者,可以是汽车厂商,可以是某个教授等。对于发展正处于萌芽期的新能

源汽车产业,诸如产业的技术路线、政策导向、厂商和消费者的行为、产业所处环境及可能的变化,这些都与产业所涉及众多的利益相关者的认知与决策有直接的关系。正如 M. Keenan 和 R. Popper 指出,未来是无法预知的,但可以肯定的是,未来将会向不同的方向演化,演化的具体方向取决于各类利益相关者的行动和现在所做的决策。所以,单一从某一利益相关者的角度来分析风险都是片面的。Anna Garcia Homa 等(2009)认为,在进行风险管理时,当透明的决策程序代替了专家主导的风险管理策略,风险管理就要求利益相关者和大众的积极参与。所以,新能源汽车产业风险的识别主体应该是产业的利益相关者,在具体的操作过程中要能够把他们的意见综合起来。

(二)基于情景分析法的新能源汽车产业风险识别的思路

分析风险重点要关注两件事情,即可能性和后果(损失),所以风险识别就是要在风险发生之前,通过分析出不同可能性和后果的可能状态,找出导致不同状态的具体因素,以便提前对因素进行控制,化解风险。也就是说,在风险识别阶段,尽管还没有具体估计可能性和损失的大小,但实际已包括了对可能性和损失的形象构建。作为战略性新兴产业的我国新能源汽车产业,产业发展正处于萌芽期,影响产业发展的因素变化也同样具有高度的不确定性,由此决定了产业未来的风险状态也具有高度不确定性。产业到底朝什么方向发展,即可能采用的技术路线、政策导向、厂商和消费者的行为、产业所处环境,都是需要回答的问题。循着这样的思路,我们不单要识别风险源是什么,即只从静态的和因素间交互的角度来识别风险显然还不够,还要从发展角度,从利益相关者的角度识别新能源汽车产业风险,通过深刻分析和挖掘产业发展影响因素基础之上,综合利益相关者的意见,努力识别出那些关键的、不确定性高的因素,构建未来可能的风险情景,这样才能为风险控制提供更加全面、立体的背景信息,更好地指导实践,规避高的风险情景。所以,情景分析法适用于我国新能源汽车产业风险的识别。

影响新能源汽车产业发展的因素有很多,但不同因素对产业影响的程度是不一样的,即因素出现不利于产业发展的变化时,对产业的冲击水平是存在差异的。虽然有些因素可能会发生不利变化,而且发生不利于变化的可能性也很大,但这类因素并不是情景分析所重点关注的,情景分析所真正关注的是那些变化不定的因素。即因素既有可能向有利于产业发展的方向变化,也有可能向不利于产业发展的方向变化。图 5.2 显示的是情景分析法运用于新能源汽车产业风险识别的思路。如图 5.2 左部分所示,先找出重要的,也就是变化会对产业发展产生较大冲击的因素,同时,也是不确定性高的因素,将这类因素识别出来;通过不同类型因素组合,形成若干维度,再通过预设不同维度的有利和不利产业发展两个方向的变化,如图 5.2 右部分所示,构建未来多种风险情景。

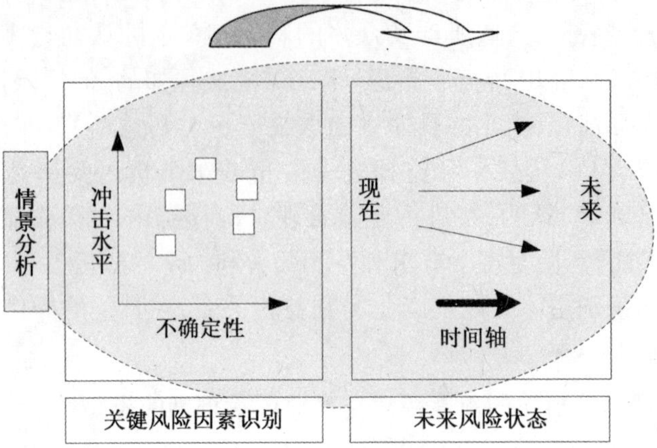

图 5.2　情景分析法运用于新能源汽车产业风险识别的思路

第二节　情景分析法实施程序

情景分析法的操作步骤有一些不同的版本,各研究机构对情景分析步骤的划分可能会有较大的区别,但是,他们对情景分析内涵的理解应该是基本一致的,只是分析的侧重点可能会千差万别。现在大多数国际组织和公司更常用的是斯坦福研究院(Stanford Research Institute,SRI)拟订的 6 项步骤,本书根据所研究问题的特点,参照斯坦福研究院情景分析法 6 项步骤,并进行了相应的调整,对我国新能源汽车产业风险进行情景分析。

一、明确问题焦点

明确需要回答的问题是什么,以凝聚情景发展的焦点。焦点应当具备两个特点,即重要性和不确定性。注意力必须集中在有限的几个最重要的问题上,而且既然情景分析法是一门预测未来动荡环境的重要技术,焦点问题必须难以预测,带有一定的不确定性,它们会产生不同的结果。

二、风险影响因子搜集与关键风险因素识别

将影响新能源汽车产业风险的因素尽可能地搜集全面,通过问卷调查和访谈的形式,经过对调查数据的处理,识别出重要且不确定性高的关键风险因素。

三、确定情景变量和建立不确定轴面

通过数据处理后,将重要的和不确定性大的风险因子通过重新组合分类,构成

风险情景变量，并据此建立不确定轴面，以作为情景内容的主体构架，进而发展出情景逻辑。

四、发展情景逻辑

根据不确定轴面的不同变化趋势，构建具体的情景，通过情景推演的方法来检验情景的一致性，筛选情景，将不可能情景剔除掉，对选定的可能情景进行命名。

五、分析情景的内容

最后对认定情景做具体的分析。这些情景包括所有的焦点。针对各个情景进行各细节的描绘，并对情景本身赋予血肉，把故事梗概完善为剧本。由于风险因素是随着时间和环境的变化而变化的，根据实际需要，对关键风险进行重新的识别，重新进行情景分析，是一个知识系统不断丰富、循环往复的动态过程。

具体基于情景分析的新能源汽车产业风险识别步骤见图 5.3。

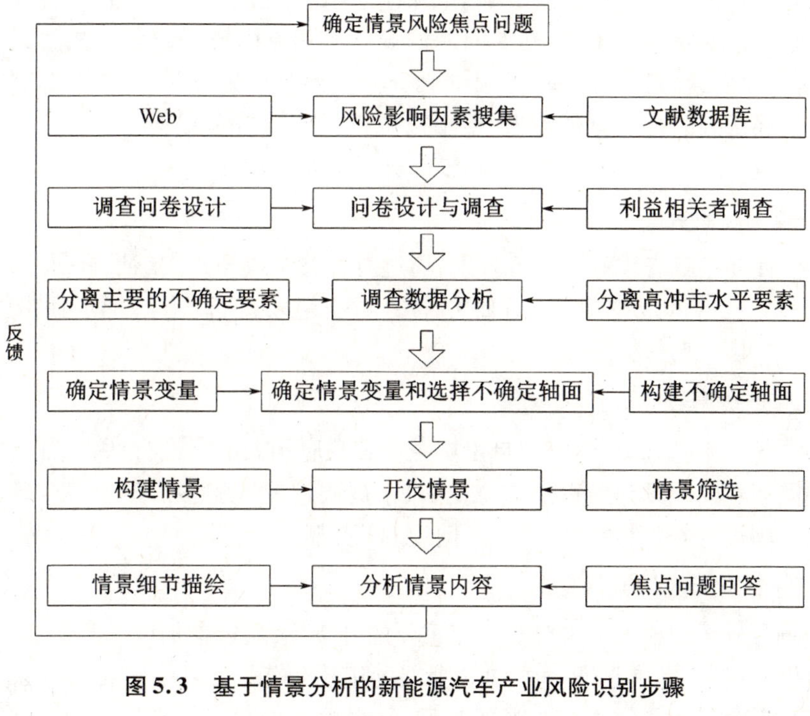

图 5.3　基于情景分析的新能源汽车产业风险识别步骤

根据前面所述，我国新能源汽车产业风险情景分析的焦点问题就是通过风险识别，要能够回答如下几方面问题：从发展的角度，我国新能源汽车产业关键并需重点关注的风险因素是什么，在这些关键因素的作用之下，风险会按照怎样的路径演化，由此决定未来 5 ~8 年风险的形态。通过对上述问题的解答，以便对我国新能源汽车产业风险形成相对全面和清晰的认识,并及时采取相应的行动,之所以选择5~8年这一时间跨度,主要是综合考虑了我国及其他有竞争关系的国家新能源汽车产业战略规划与部署的周期特点。

第三节　风险影响因子搜集与关键风险因素识别

一、风险因素搜集与问卷调查

上一章已经对风险源进行了搜集和分析,并建立了评价指标体系,本章将以评价指标体系中确定的32个风险二级指标作为基础,设计相应的调查问卷。问卷调查的目的是要对风险因子的不确定性和对产业的冲击水平进行打分,以便于识别出高冲击水平和高不确定性影响因素,为构建情景服务。

问卷设计的质量会极大地影响调查结果的真实性和可用性,科学地设计问卷是进行调查分析的第一步。由于本书是根据前面所完成的风险评价指标体系中的指标项来设计的问卷题项,在问卷问题的设计上一方面要保证题项之间具有高度的一致性,使后续的数据处理过程中能够形成一致性结论,同时,通过句式的设计,保证各个问题间的含义界限清晰,便于被调查者理解与作答。综合国内外学者的关于问卷设计的建议,本书按照下述步骤进行了问卷设计:

(一)文献研究

为了使变量具有较好的内容效度,通过对相关领域经典文献进行研究,尽可能参考国内外已有的成熟量表,对研究中的测度题项进行设计,形成研究的初始问卷。

(二)走访调查

在文献研究基础上,通过亲自走访企业和政府相关部门进行调查,征求被调查者对初始问卷问题设计的看法与意见,对于被调查者不能够清晰理解或理解存在偏差的题项进行修正与完善,形成了问卷的第二稿。

(三)专家交流讨论

情景分析属于技术未来分析一个重要的方法族,通过参加国际学术会议,国内外学者学术讲坛,尤其是通过参加导师课题组历年组织的“中国技术未来分析论坛”,征求和询问本领域专家学者的意见,并根据意见对问卷进行再次的修正与完善,使题项能够充分对指标进行量度,形成了问卷的最终稿。

最终的问卷内容包括两部分:第一部分是关于被调查者的基本信息,主要包括性别、年龄、职务、学历、单位性质等;第二部分是具体的问题,是将前面搜集筛选出的32个风险因子设计成相应的调查问题。问题采取对未来场景描述和疑问句的形式，以便于启发被调查者的思考，对未来5～8年中国新能源汽车产业发展的判断。对问卷中的每一个问题分别对其可能性和冲击水平进行打分。其中，可能性即问题中描述事件发生的概率，取值范围为0～100的百分数；冲击水平表示问题中描述的事件对于产业未来发展影响程度的大小，取值范围为1～5。

同时，为了保证被调查者对问题回答角度的一致性，问题都是从风险的角度提出。例如，对于调查问卷上关于技术的先进性这一问题，需要被调查者回答的是：从国际范围比较来看，中国的新能源汽车在技术上不太可能会逐渐处于领先或接近前沿水平吗？冲击水平在此时的含义就是上述描述事件对于产业发展的影响程度的大小。事件发生的概率等级表和风险因子对产业冲击水平程度等级表分别见表5.1和表5.2。

为了保证所获得调查数据的具有代表性，具体调查过程中从6类利益相关者群体展开，包括汽车厂商、配套厂商、高校、科研机构、政府相关部门、消费者等专家和代表。为了保证调查数据的权威性，其中汽车厂商和配套厂商代表为新能源汽车项目的主要负责人，高校、科研机构的代表为具体研究新能源汽车产业方面的专家，政府相关部门则邀请了地方新能源汽车推广应用协调小组办公室或发展改革委的具体工作人员，消费者则选取了对新能源汽车比较了解的人员，在调查过程中也对部分被调查者进行了访谈，以全面了解被调查者的具体情况。

同时，具体发放问卷时采取了在均衡基础上有所倾斜的原则，即问卷发放时尽量对6类利益相关者群体进行均衡，从而保证调查数据的代表性，在均衡基础上重点向专家型被调查者倾斜，适当增加该部分人群问卷数量，从而保证被调查数据的权威性。

表5.1　事件发生的概率等级表

概率等级	事件发生概率区间	说明
极小	[0%,10%]	事件发生的可能性极小
很小	(10%,30%)	事件发生的可能性很小
较小	[30%,40%]	事件发生的可能性较小
中等	(40%,60%)	事件发生的可能性中等
较大	[60%,70%]	事件发生的可能性较大
很大	(70%,90%)	事件发生的可能性很大
极大	[90%,100%]	事件发生的可能性极大

表 5.2　风险因子对产业冲击水平程度等级表

风险影响程度	影响程度量化值	定义
很大	(4,5]	问题中描述的事件发生与否对产业未来发展的影响很大
大	(3,4]	问题中描述的事件发生与否对产业未来发展的影响大
一般	(2,3]	问题中描述的事件发生与否对产业未来发展的影响一般
小	(1,2]	问题中描述的事件发生与否对产业未来发展的影响小
很小	1	问题中描述的事件发生与否对产业未来发展的影响很小

具体从问卷方面来看，由于作者曾从事多年的在职研究生教育工作，与学校EMBA，MBA，MPA 学生建立了广泛的联系，通过筛选出从事汽车行业、任职于发改委、科技厅等企事业单位的学生，以及高校及科研院所从事汽车相关专业的教师及研究人员，向符合要求并通过他们向行业内及外省市兄弟单位相应人员发放调查问卷 110 份，作者也通过参加国际学术会议和学术讲坛，并在提前了解参会人员信息的基础上，向部分符合调查对象要求的参会者发放调查问卷 40 份，另外，通过同事及朋友发放问卷 30 份。具体的问卷发放和回收情况见表 5.3。

表 5.3　问卷发放和回收情况

方式	发放问卷数量	有效问卷数量	有效问卷率
参加学术会议和学术讲坛	40	35	87.5%
同事及朋友	30	24	80%
EMBA，MBA，MPA 学生及拓展发放	110	83	75.5%
合计	180	142	78.9%

二、调查数据分析与关键风险因素识别

经过对来自不同领域的 142 位专家代表的调查，获得了对 32 个风险因子在冲击水平和可能性上的打分，并对数据进行处理。可能性与冲击水平描述统计见表 5.4。

表 5.4　可能性与冲击水平描述统计表

风险因子	N	Probability		Impact	
		Mean	Std. Deviation	Mean	Std. Deviation
u_1	142	68. 00	20. 609 14	4. 625 0	. 455 23
u_2	142	75. 250	17. 507 52	4. 350 0	. 708 97
u_3	142	64. 75	22. 853 94	4. 700 0	. 547 72
u_4	142	53. 25	23. 690 72	4. 075 0	. 765 63
u_5	142	62. 05	24. 480 87	4. 500 0	. 538 03
u_6	142	68. 50	15. 902 66	4. 400 0	. 680 56
u_7	142	74. 00	18. 890 26	4. 300 0	. 656 95
u_8	142	71. 75	18. 084 23	4. 800 0	. 376 97
u_9	142	62. 25	20. 550 00	4. 725 0	. 443 52
u_{10}	142	75. 00	12. 030 66	3. 900 0	. 867 54
u_{11}	142	54. 50	23. 164 17	4. 525 0	. 617 19
u_{12}	142	67. 50	16. 897 52	4. 400 0	. 699 62
u_{13}	142	73. 50	14. 876 69	4. 500 0	. 648 89
u_{14}	142	69. 50	17. 539 43	4. 450 0	. 535 58
u_{15}	142	62. 75	22. 853 94	4. 550 0	. 604 81
u_{16}	142	64. 50	22. 118 10	4. 675 0	. 466 65
u_{17}	142	67. 50	16. 503 59	4. 175 0	. 799 26
u_{18}	142	62. 00	16. 415 65	4. 400 0	. 736 28
u_{19}	142	59. 50	16. 375 53	4. 200 0	. 817 57
u_{20}	142	62. 75	19. 633 15	4. 400 0	. 619 85
u_{21}	142	73. 50	12. 365 06	4. 375 0	. 871 70
u_{22}	142	70. 25	14. 093 20	4. 250 0	. 716 35
u_{23}	142	73. 25	14. 892 16	4. 500 0	. 668 86
u_{24}	142	70. 00	18. 136 91	3. 350 0	1. 148 23
u_{25}	142	58. 75	19. 048 07	4. 450 0	. 686 33
u_{26}	142	69. 00	20. 493 90	3. 975 0	. 895 53
u_{27}	142	75. 50	17. 614 29	4. 375 0	. 741 18
u_{28}	142	68. 25	17. 790 82	4. 600 0	. 619 85

表 5.4(续)

风险因子	N	Probability		Impact	
		Mean	Std. Deviation	Mean	Std. Deviation
u_{29}	142	72. 75	16. 260 62	4. 225 0	. 952 49
u_{30}	142	69. 75	17. 657 19	4. 250 0	. 697 74
u_{31}	142	53. 50	20. 267 94	4. 300 0	. 864 50
u_{32}	142	38. 75	23. 105 88	2. 550 0	. 958 34
Average		66. 001 6	18. 522 0	4. 307 8	0. 700 2

情景分析法实施中重要的一点是分析因素的不确定性,不确定性即意味着多样的可能与结果,而这恰恰是构建情景的前提与意义所在。而不确定性与可能性有紧密的联系,但含义不同。例如,对于调查问卷上的问题:中国的新能源汽车在关键技术上不能够实现突破吗?当被调查人认为可能性是 10% 时,即表明事件发生的可能性极小,也就是意味着被调查者认为关键技术能够实现突破;当被调查人认为可能性是 90% 时,即表明被调查者认为事件发生的可能性极大,也就是意味着关键技术不能够实现突破。虽然 10% 与 90% 是对事件发展结果是截然相反的描述,但不确定性是一致的,即此时的不确定性很小。而如果对上述问题的回答是 50% ,也就表示关键技术既有可能能够获得突破,也有可能不能够获得突破,突破与否在可能性上是均等的,是最具不确定性的。之所以在情景分析问卷设计中没有直接对不确定性进行调查,原因一方面是为后面进行风险评价做数据准备,另一方面是为了从调查中尽量获得更为全面的信息,例如,说一个影响产业发展的因素的不确定性较小,那么这种不确定性是正向的还是负向的不确定性?即是有利于还是不利于产业未来的发展并没有回答。

由此,本书对表 5.1 按照反映不确定性的角度进行了调整,事件不确定性等级见表 5.5。

表 5.5　事件不确定性等级表

事件发生概率区间	说明
[0,10%]或(90% ,100%]	极小不确定性
(10% ,30%]或(70% ,90%]	低不确定性
(30% ,40%]或(60% ,70%]	中度不确定性
(40% ,60%]	高不确定性

本书根据调查数据，先从三个方面进行分析，即不确定性、分歧水平和冲击水平。

关于不确定性。本书以 M 代表所有被调查者对每一个问题可能性(Probability)打分的均值，具体：

当 $40 < M \leqslant 60$ 时，高不确定性，表示事件具体将向有利还是不利于产业的方向发展很难确定；

当 $60 < M \leqslant 70$ 或 $30 < M \leqslant 40$ 时，中度不确定性，表示事件具体将向有利还是不利于产业的方向发展较难确定；

当 $70 < M \leqslant 90$ 或 $10 < M \leqslant 30$ 时，低不确定性，表示事件具体将向有利还是不利于产业的方向发展相对较易确定；

当 $M > 90$ 或 $M \leqslant 10$ 时，极小不确定性，表示事件具体将向有利还是不利于产业的方向发展基本确定。

关于分歧水平。上述不确定性是通过集合利益相关者的意见去尽量反映产业客观不确定性。但进一步对不确定的判断还要详细去分析被调查者意见的一致或分歧情况，即群体的主观不确定情况。标准差表示变量取值距均值的平均离散程度，标准差值越大，说明变量值之间的差异越大，距均值这个“中心值”的离散程度越大。具体的计算公式为

$$\bar{x} = \frac{1}{n}\sum_{i=1}^{n} x_i \tag{5-1}$$

$$s = \sqrt{\frac{1}{n-1}\sum_{i=1}^{n} (x_i - \bar{x})^2} \tag{5-2}$$

式中 $\bar{x}$——一组原始数据的均值，或者观察值样本均值；

n——一组数据的数据个数，或者称为观测值的样本个数；

s——一组原始数据的标准差，或者观察值样本标准差。

所以，当被调查者对一个问题可能性或冲击水平打分值标准差越大，则表明被调查者之间的分歧越大。

从表 5.3 的数据可以看出，被调查者对冲击水平认识是比较一致的，具体表现为每个问题的标准差都较低，而对于可能性，则分歧一般都较大。所以本书对分歧水平只从可能性一个方面进行考虑，并以所有各个风险因素的标准差平均均值 18.522 0 作为参考点，重点关注标准差 $S_D > 18.5220$ 的风险因素，即被调查者对一个问题的意见的离散程度高于平均标准差时，意味着对该问题的认识具有更高的分歧，将对这样的风险因素给予更高的关注。而对于标准差 $S_D \leqslant 18.5220$ 的风险因素，即被调查者对一个问题的意见的离散程度低于平均标准差时，意味着对该问题的认识分歧水平相对较低，对于这样的因素则具体结合可能性和冲击水平的均值具体分析。

需要说明的是,上述关于不确定性并引入分歧水平的分析相较于其他文献中对不确定的描述更为具体,即本书不是让被调查者直接对不确定性进行判断,而是先对可能性进行判断,而且判断中包含了有利于还是不利于产业发展两个方向,再通过综合分析,能够对不确定性努力从客观和主观两个方面得到分解,这样就使后续对情景的描述更为具体,更加接近现实。

关于冲击水平。从表5.4可见,除了因素 u_{32} 以外,所有因素的冲击水平都处于“大”和“很大”两类级别。

根据表5.2、表5.3、表5.4找出各风险因子的对应水平,并根据每个因子的情况,将因子划分为10个类别,具体见表5.6和表5.7。

表5.6　各因子水平

因素	不确定性				分歧水平		冲击水平			
	高	中度	低	极小	较高	较低	很大	大	一般	小或很小
u_1		●			●		●			
u_2			●			●	●			
u_3		●			●		●			
u_4	●				●		●			
u_5		●			●		●			
u_6		●				●	●			
u_7			●		●		●			
u_8			●			●	●			
u_9		●			●		●			
u_{10}			●			●		●		
u_{11}	●				●		●			
u_{12}		●				●	●			
u_{13}			●			●				
u_{14}		●				●	●			
u_{15}		●			●		●			
u_{16}		●			●		●			
u_{17}		●				●	●			
u_{18}		●				●	●			
u_{19}	●					●	●			

表 5.6(续)

因素	不确定性				分歧水平		冲击水平			
	高	中度	低	极小	较高	较低	很大	大	一般	小或很小
u_{20}		●			●		●			
u_{21}			●			●	●			
u_{22}			●			●	●			
u_{23}			●				●			
u_{24}		●				●		●		
u_{25}	●				●		●			
u_{26}		●			●			●		
u_{27}			●			●	●			
u_{28}		●				●	●			
u_{29}			●			●	●			
u_{30}		●				●	●			
u_{31}	●				●		●			
u_{32}		●			●				●	

表 5.7　根据风险因子水平划分的各风险因素情况

序号	因素的风险程度	因素的风险水平	因素的风险特点	对应风险因子
1	很重要的风险	高冲击、高分歧、高不确定性	主客观不确定性都大	u_4,u_{11},u_{25},u_{31}
2	重要的客观风险	高冲击、较低分歧、高不确定性	客观不确定性大	u_{19}
3	重要的风险	高冲击、高分歧、中度不确定性	主观不确定性大、客观不确定性中等	u_1, u_3, u_5, u_9, u_{15}, u_{16},u_{20}
4	重要的中度风险	高冲击、较低分歧、中度不确定性	客观不确定性较大	u_6,u_{12},u_{14},u_{17},u_{18},u_{28},u_{30}
5	重要的存歧趋势	高冲击、高分歧、低不确定性	主观不确定性较大	u_7
6	较重要的存歧风险	较高冲击、高分歧、中度不确定性	主观不确定性大、客观不确定性中等	u_{26}

表 5.7(续)

序号	因素的风险程度	因素的风险水平	因素的风险特点	对应风险因子
7	较重要的中度风险	较高冲击、较低分歧、中度不确定性	客观不确定性中等	u_{24}
8	重要的趋势	高冲击、较低分歧、低不确定性	主观不确定较大、客观不确定性较小	$u_2,u_8,u_{13},u_{21},u_{22},u_{23},u_{27},u_{29}$
9	较重要的趋势	较高冲击、较低分歧、低不确定性	主观不确定较大、客观不确定性较小	u_{10}
10	不重要的风险	一般冲击、高分歧、中度不确定性	主观不确定性大、客观不确定性中等	u_{32}

第四节　情景变量确定和不确定轴面选择

一、情景变量确定

经过上述数据分析，本书将表 5.7 所示的前 3 类风险因素中涵盖的 12 个风险因子作为构成情景变量的基础，这些因子的特点是：或者是主、客观不确定水平都很高，或者是主观或客观单方面不确定水平较高。

为了问题的焦点更为集中，一般在构建风险情景时，情景的数量不宜太多。例如，假设构建情景时每个维度有两种变化趋势，如果情景受 2 个维度控制，则可以构建出情景的数量为 $2^2=4$ 个；如果受 3 个维度控制，则可以构建出情景的数量为 $2^3=8$ 个；如果受 4 个维度控制，则可以构建出情景的数量为 $2^4=16$ 个。显然，太多的情景一方面会使操作变得复杂，另一方面也难以发现问题的焦点。本书所确定的新能源汽车产业风险源共有四类，如果以此作为 4 个维度，每个维度有两种变化的情况下将会构建出 16 个风险情景。基于上述考虑，为了避免情景数量过多情况，本书在不损失具体指标的情况下，将产业安全风险因素进行分解，使构建情景的维度数量从 4 个降为 3 个，这样构建的情景数量为 8 个，使问题的焦点更为集中。具体而言，将与新能源汽车技术相关的风险因子 u_4,u_1,u_3,u_5,u_9 等归为一类，作为技术风险因素，将与产业安全和市场相关的风险因子 $u_{11},u_{19},u_{15},u_{16},u_{20},u_{25}$ 归为一类，作为市场因素，将 u_{31} 作为政策环境风险因素。从而，得到了技术风险、市场风险、政策与环境风险三类基础情景变量及对应风险因子情况，具体见表 5.8。而将另外的 10 个风险因子，它们的特点是冲击水平较高，但分歧水平和不确定性较低，我们称其为趋势情景变量。趋势情景变量及对应风险因子情况见表5.9。

对于剩余的风险因子，由于这些因子的特点是：或者冲击水平较低，或者是主观和客观不确定性都较低，为了专注于重要的风险因素，抓住事物的主要矛盾，将这些相对不重要的风险因子不在情景分析的考虑之列。

表5.8　基础情景变量及对应风险因子情况

情景变量	因素类型	对应风险因子
技术风险	很重要的风险	u_4 技术的可替代性
	重要的风险	u_1 技术先进性 u_3 技术自主性 u_5 技术力量状况 u_9 技术的突变
市场风险	很重要的风险	u_{11}汽车的购置与使用成本 u_{25}政策保护情况
	重要的客观风险	u_{19}资金状况
	重要的风险	u_{15}厂商投入状况 u_{16}产业集群成长状况 u_{20}企业营销能力
政策与环境风险	很重要的风险	u_{31}传统能源发展状况

表5.9　趋势情景变量及对应风险因子情况

情景变量	因素类型	对应风险因子	具体趋势描述
技术风险	重要的趋势	u_2 技术成长潜力 u_8 技术原创性	技术成长潜力较小，技术的原创性不足
	重要的存歧趋势	u_7 技术标准体系的完善情况	技术标准体系的完善不足
	较重要的趋势	u_{10}技术壁垒	技术壁垒高，企业获得技术较困难
市场风险	重要的趋势	u_{13}基础设施状况 u_{21}本土企业市场主导地位 u_{22}本土品牌车型竞争力 u_{23}本土企业市场占有率 u_{27}产业对政策的依赖性	新能源汽车基础设施发展较为缓慢，产业发展过于依赖政策支持，本土品牌车型竞争力提升缓慢，市场占有率提升困难，市场由国外主导趋势较强

表 5.9(续)

情景变量	因素类型	对应风险因子	具体趋势描述
政策与环境风险	重要的趋势	u_{29}政策的一致性	政策变动频繁,政策间协调性、配套性差

二、不确定轴面选择

将上述确定的技术风险、市场风险、政策与环境风险三类情景变量设为三个不确定轴面,从风险角度看,每个轴面有两种对应结果,根据每个情景变量对应的风险因子,给出每种结果对应的相应的情景内容,具体见图 5.4 和表 5.10。

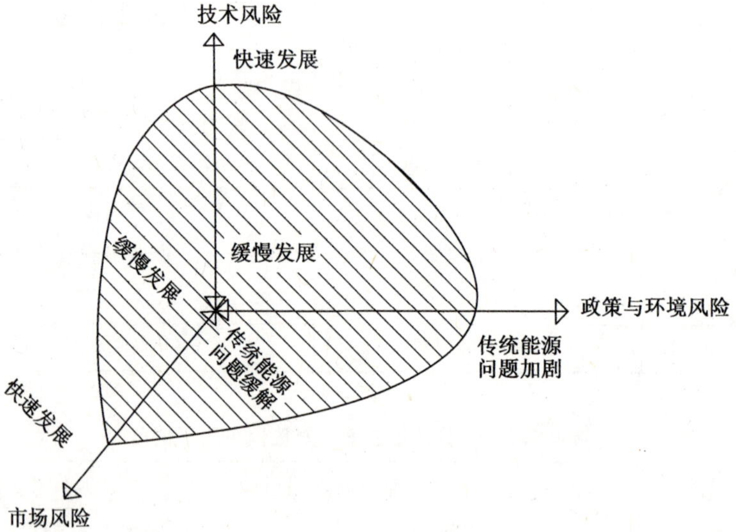

图 5.4　不确定轴面分析

表 5.10　三个不确定轴面分析

不确定轴面	结果	内容
技术风险	缓慢发展	关键技术上没能获得突破,独立研发力量没能形成,技术的自主性差,技术路线不清晰,技术受制于人。由于跟不上最新技术发展步伐,产业所采用的技术面临被替代的风险

表 5.10　三个不确定轴面分析

不确定轴面	结果	内容
技术风险	快速发展	关键技术获得突破,形成了独立的研发力量,具有清晰的技术路线,技术自主性很强
市场风险	缓慢发展	新能源汽车的购置与使用成本很高,市场接受度低;中国的新能源汽车产业政策的保护力度和手段不合理,竞争力弱;产业资金状况不佳,厂商投入热情减弱,产业集群成长缓慢,企业营销能力较差
	快速发展	新能源汽车的购置与使用成本与传统能源汽车相比逐渐下降,成本劣势逐渐缓解,市场接受度有上升趋势;中国的新能源汽车产业政策的保护力度和手段合理;产业发展有充足的资金保证,厂商投入热情增加,产业集群逐渐成长壮大,企业营销能力获得提升
政策与环境风险	传统能源问题缓解	传统能源问题,如污染问题、能源短缺问题有所缓解
	传统能源问题加剧	传统能源问题,如污染问题、能源短缺问题进一步加剧

第五节　我国新能源汽车产业风险情景开发与风险识别

一、我国新能源汽车产业风险情景开发

根据每个轴面的结果将三个不确定性轴面进行组合,共形成 8 种情景。根据一致性原则,将五个不确定轴面力量不一致的情况剔除。例如表 5.11 中的第 1 种情景,当传统能源问题缓解的情况下,我国发展新能源汽车产业的迫切性就会降低,进而产业发展的动力就会下降,而在此背景下,新能源汽车技术和市场都能快速发展的可能性是极小的。经过筛选,最后保留了三种风险情景,具体风险情景的选择与命名见表 5.11。

表 5.11　风险情景的选择与命名

序号	技术	市场	政策与环境	情景选择与命名
1	快速发展	快速发展	传统能源问题缓解	剔除
2	快速发展	快速发展	传统能源问题加剧	* 低风险
3	快速发展	缓慢发展	传统能源问题缓解	剔除
4	快速发展	缓慢发展	传统能源问题加剧	* 市场型风险
5	缓慢发展	快速发展	传统能源问题缓解	剔除
6	缓慢发展	快速发展	传统能源问题加剧	剔除
7	缓慢发展	缓慢发展	传统能源问题缓解	* 全面性风险
8	缓慢发展	缓慢发展	传统能源问题加剧	剔除

二、我国新能源汽车产业风险情景识别分析

根据选定的三个风险情景，按照风险轴面可能的具体变化方向，分析未来新能源汽车产业的风险情景。由于篇幅所限，本书仅对三个分析情景的主要内容进行介绍，详见表 5.12。

表 5.12　三种风险情景的主要内容

情景名称	不确定轴			
	技术风险	市场风险	政策与环境风险	主要内容
低风险(2)	快速发展	快速发展	传统能源问题加剧	由于传统能源问题日益加剧，使我国发展新能源汽车产业变得更为迫切，政策鼓励的力度进一步加大，政策相对更加合理。在此背景下，我国新能源汽车关键技术获得突破，形成了独立的研发力量，具有清晰的技术路线，技术自主性很强。新能源汽车的购置与使用成本与传统能源汽车相比逐渐下降，成本劣势逐渐缓解，市场接受度有上升趋势；中国的新能源汽车产业政策的保护力度和手段合理；产业

表 5.12(续 1)

情景名称	不确定轴			
	技术风险	市场风险	政策与环境风险	主要内容
				发展有充足的资金保证,厂商投入热情增加,产业集群逐渐成长壮大,形成了若干个产业集群;企业营销能力获得提升,新能源汽车销量开始上升,市场发展很快
市场型风险(4)	快速发展	缓慢发展	传统能源问题加剧	由于传统能源问题日益加剧,使我国发展新能源汽车产业变得更为迫切,政策鼓励的力度进一步加大。在此背景下,我国新能源汽车技术发展良好,关键技术获得突破,形成了独立的研发力量,具有清晰的技术路线,技术自主性很强。但由于政策风险和产业安全风险没能有效化解,基础设施发展缓慢,市场过度依赖政策支持,新能源汽车市场发展缓慢。主要表现在:新能源汽车的购置与使用成本仍然很高,市场接受度低;中国的新能源汽车产业政策的保护力度和手段不合理,竞争力弱;产业资金状况不佳,厂商投入热情减弱,产业集群成长缓慢,企业营销能力较差
全面性风险(7)	缓慢发展	缓慢发展	传统能源问题缓解	由于传统能源问题有所缓解,使我国发展新能源汽车产业迫切性降低,政策鼓励的力度下降,在此背景下,新能源汽车技术和市场发展都变得缓慢起来,整个产业发展面临巨大的风险

通过情景分析识别产业风险，对于新能源汽车产业风险管理与控制具有巨大的指导意义，在具体的风险控制中，通过对三个不确定轴面下具体因素的详细梳理，以及对因素施加干预，努力使产业朝着低风险的方向发展。正如风险的演化一样，产业风险的识别也是一个动态的过程，需要根据产业内外部环境的变化，及时识别出重要的风险因素的变化，据此进行新的情景分析，以便更好地指导现实。

第六节　本章小结

本章采用了情景分析法对新能源汽车产业风险进行了动态识别。该方法通过综合各利益相关者的意见，将那些重要的且不确定性高的关键风险要素识别出来，进而建立不确定性轴面，开发风险情景，并对各风险情景进行描述。通过本章的研究，识别出我国未来5~8年新能源汽车产业风险可能的状态，识别出三种可能的风险情景：技术与市场都能够快速发展且具有有利的政策与环境的产业低风险情景；技术快速发展、市场发展缓慢但具有有利的政策与环境的市场型风险情景；技术和市场都发展缓慢且具有不利的政策与环境的产业全面型风险情景。

第六章　我国新能源汽车产业风险评价

第一节　模糊综合评价法

一、模糊综合评价法的基本原理

在客观世界中,存在着大量的模糊概念和模糊现象。一个概念和其对立概念无法划出一条明确的界限,它们是随着量变逐步过渡到质变的。生活中,这样的例子很多,如“高与矮”“胖与瘦”“美与丑”等,这些没有确切界限的对立概念都是所谓的模糊概念。由于评价因素的复杂性、评价对象的层次性、评价标准中存在的模糊性以及评价影响因素的模糊性或不确定性、定性指标难以定量化等一系列问题,使得人们难以用绝对的“非此即彼”来准确地描述客观现实,经常存在着“亦此亦彼”的模糊现象,其描述也多用自然语言来表达,而自然语言最大的特点是它的模糊性,而这种模糊性很难用经典数学模型加以统一量度。

模糊综合评价法(Fuzzy comprehensive evaluation method)是一种解决多指标、多层次、定性和定量相结合的评价问题的有效方法。其基本原理是:首先,确定被评判对象的因素(指标)集和评价(等级)集;其次,分别确定各个因素的权重及它们的隶属度向量,获得模糊评判矩阵;再次把模糊评判矩阵与因素的权向量进行模糊运算并进行归一化,得出模糊评价综合结果。

二、模糊综合评价法实施步骤

(一)确定评价因素集,建立评价指标体系的层次结构

按照评价目标的要求,找出能刻画评价目标的各个因素,设 $U=(u_1,u_2,\cdots,u_m)$,其中 $u_i(i=1,2,\cdots,m)$ 为刻画评价对象的评价因素,所搜集的因素一方面要全面,同时也要考虑因素间的独立性,从不同的方面对目标进行反映。因素确定后,再选择相应的下一级指标用来衡量每一个因素,设反映 u_i 的二级指标有 s_i 个,则 $u_i=(u_{i1},u_{i2},\cdots,u_{is_i})$。三级评价指标体系的层次结构如图 6.1 所示。

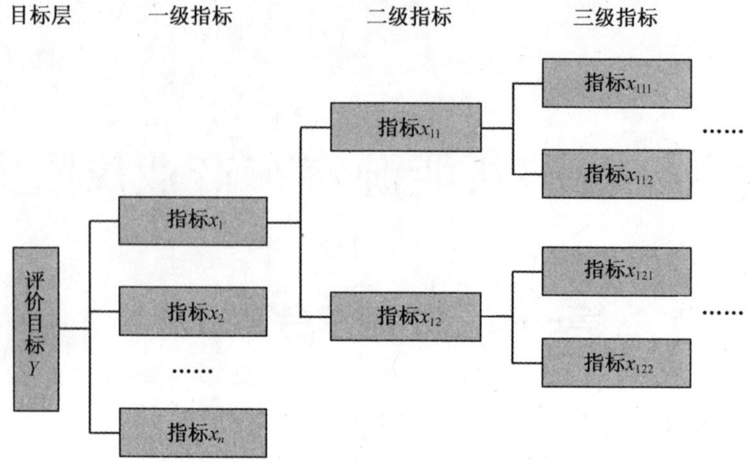

图 6.1　三级评价指标体系的层次结构

（二）确定评价因素的各指标的权重

评价因素集中的各个评价因素在“评价目标”中的地位和作用是不同的，也就是说，各个评价因素在综合评价中占有不同的比重。同理，解释每个因素的下级各个具体指标的作用也存在差异，即具体的贡献度不同。权重是标准因素或指标相对重要性大小的量度值，所以需要确定各评价因素以及反映评价因素的各指标的权重。

一般权重向量可表示为

$$\boldsymbol{W}_i=(w_{i1},w_{i2},\cdots,w_{in}) \tag{6-1}$$

（三）确定评语集

$V=(v_1,v_2,\cdots,v_n)$为刻画每一因素所处状态的 n 种决断（评价等级），是进行评价的标准，这里的 n 一般取[3,7]中的奇数。如果 n 过大，不易判断等级归属；如果 n 过小，又不符合模糊综合评价的质量要求。

（四）进行单因素评价，得到隶属度矩阵

模糊综合分析法的关键就是需要分析评价因素集中的每一个评价因素对于评语集中评语等级的隶属度，得出单因素评价结果。

设对第 i 个评价因素 u_i 的评价 $\boldsymbol{R}_i=(r_{i1},r_{i2},\cdots,r_{in})$，$r_{ij}$表示第 i 个评价因素 u_i 对于第 j 个等级的隶属度（$i=1,2,\cdots,n,j=1,2,\cdots,n$），则对评价因素集的隶属度矩阵为

$$R=\begin{bmatrix}\boldsymbol{R}_1\\ \boldsymbol{R}_2\\ \vdots\\ \boldsymbol{R}_n\end{bmatrix}=\begin{bmatrix}r_{11} & r_{12} & \cdots & r_{1m}\\ r_{21} & r_{22} & \cdots & r_{2m}\\ \vdots & \vdots & & \vdots\\ r_{n1} & r_{n2} & \cdots & r_{nm}\end{bmatrix} \tag{6-2}$$

通常在调查问卷的基础上，r_{ij}可由下列方法确定：

$$r_{ij}=\frac{d_{ij}}{d} \tag{6-3}$$

式中 d——参与评判专家总人数；

d_{ij}——指标 u_i 做出第 j 类评语等级的专家人数。

具体地说，r_{ij}表示第 i 个评价因素 u_i 在第 j 个评语 v_j 上的频率分布，一般将其归一化使之满足 $\sum r_{ij}=1$ 。这样 **R** 矩阵本身就是没有量纲的，不需做专门处理。

（五）进行模糊合成计算和做出决策

R 中不同的行反映了某个评价事物从不同的单因素来看对各等级模糊子集的隶属度。用模糊权向量 $\boldsymbol{W}_i$ 将不同的行进行综合，就可得到该被评价事物从总体上来看对各等级模糊子集的隶属程度，即模糊综合评价结果向量。

引入 V 上的一个模糊子集 **B**，称模糊评价，又称决策集，即 $\boldsymbol{B}=(b_1,b_2,\cdots,b_n)$。

如何由 **R** 与 **W** 求 **B** 呢？一般地，令 $\boldsymbol{B}=\boldsymbol{WR}$，称之为模糊变换：

$$\boldsymbol{B}=\boldsymbol{WR}=(w_1,w_2,\cdots,w_n)\begin{bmatrix}r_{11} & r_{12} & \cdots & r_{1m}\\ r_{21} & r_{22} & \cdots & r_{2m}\\ \vdots & \vdots & & \vdots\\ r_{n1} & r_{n2} & \cdots & r_{nm}\end{bmatrix} \tag{6-4}$$

模糊综合评价方法的应用非常广泛，如企业融资效率评价、企业技术创新能力评价、质量经济效益评价等，应用在风险评价当中也很多，但是在运用模糊综合评价产业风险过程中，要对评价中评语等级 V 给予特别的关注，因为风险评语等级不能用因素的风险影响程度简单代替，风险等级一方面与风险因素的影响程度有关，同时还与因素导致风险发生的概率直接相关。例如某一因素 u_i 的风险影响程度很大，但发生的概率很小，那么这一因素的风险等级可能也很小。所以，本书对风险等级的处理采用了风险矩阵的方法，来综合考虑因素的风险发生概率和风险影响。

第二节 风险因素集和评语集确定

本书以第四章建立的我国新能源汽车产业风险指标体系作为模糊综合评价的因素集,该因素集合分风险指标(二级指标)、风险源(一级指标)和目标层三个层次。新能源汽车产业风险评价指标体系见表6.1。

表6.1 新能源汽车产业风险评价指标体系

目标层	风险源(一级指标)	风险指标(二级指标)
新能源汽车产业风险 A	技术风险源 A_1	技术先进性 A_{11}
		技术成长潜力 A_{12}
		自主核心技术比例 A_{13}
		技术的可替代性 A_{14}
		技术人员数量 A_{15}
		技术的管理与组织情况 A_{16}
		技术标准体系的完善情况 A_{17}
		技术原创性 A_{18}
		技术的突变 A_{19}
		技术壁垒 A_{110}
	市场风险源 A_2	汽车的购置与使用成本 A_{21}
		汽车的安全性 A_{22}
		基础设施状况 A_{23}
		消费者接受度 A_{24}
		厂商投入状况 A_{25}
		产业集群成长状况 A_{26}
		产业链完备状况 A_{27}
		商业模式成熟度 A_{28}
		资金状况 A_{29}
		企业销售增长率 A_{210}
		本土企业市场主导地位 A_{31}

表 6.1(续)

目标层	风险源(一级指标)	风险指标(二级指标)
新能源汽车产业风险 A	产业安全风险源 A_3	本土品牌车型竞争力 A_{32}
		本土企业市场占有率 A_{33}
		海外市场占有率 A_{34}
		政策保护情况 A_{35}
		外资企业战略布局状况 A_{36}
		产业对政策的依赖性 A_{37}
	政策与环境风险源 A_4	政策的持续性 A_{41}
		政策的一致性 A_{42}
		经济周期影响 A_{43}
		传统能源发展状况 A_{44}
		法律规制 A_{45}

评语集中将风险等级具体分为 5 个,分别为高、较高、中等、较低、低。为评价需要,每个等级给出具体的量化值区间,具体见表 6.2。

表 6.2　因素风险等级表

风险等级	风险等级量化值
低	[0,1]
较低	(1,2]
中等	(2,3]
较高	(3,4]
高	(4,5]

第三节　我国新能源汽车产业风险评价指标权重的确定

一、群组决策特征根法原理

群组决策特征根法(Group Eigenvalue Method,GEM)是群组专家决策系统对多个被评价对象做评判决策的新特征根法。该方法彻底地克服了层次分析法的判断矩阵不一致性问题,为决策支持系统中专家选择开辟了新的方向。运用此法只需要专家对各个指标打分,然后将评分矩阵转置自乘记为矩阵 $\boldsymbol{F}$。$\boldsymbol{F}$ 的最大特征根对应的特征向量就是最优决策结论。与层次分析法(AHP)相比,群组决策特征根法(GEM)既能克服判断矩阵的不一致性,又无需考虑专家的权重问题,计算也较简便。群组决策特征根法使用范围较广,可以处理不同复杂程度的多种系统问题。

群组决策特征根法是由若干名专家对研究对象进行评估,每个专家有独立的权重,将独立权重进行加权之后得出相应的结论。

(一)理想专家模型

相关文献中对群体理想的专家定义是具有评分向量与群体中各专家评分向量夹角之和最小的专家。由 m 个专家对 n 个研究对象($A_1,A_2,\cdots,A_n$)进行评估,令第 i 个专家 S_i 对第 j 个被评目标 A 的评估为 $\boldsymbol{x}\in[I,J]$($i=1,2,\cdots,m;j=1,2,\cdots,n$)。可知 x_{ij}越大,则 A_j 的结果越好。S_i 及其 m 个专家组成的系统 G 评估可以构成 n 维列向量 $\boldsymbol{x}_i$ 和 $m\times n$ 阶矩阵 $\boldsymbol{x}$。

$$\boldsymbol{x}_i=(x_{i1},x_{i2},\cdots,x_{in})^{\mathrm{T}}\in E^n$$

$$\boldsymbol{x}=(x_{ij})_{m\times n}=\begin{pmatrix} x_{11} & x_{12} & \cdots & x_{1n} \\ x_{21} & x_{22} & \cdots & x_{2n} \\ \vdots & \vdots & & \vdots \\ x_{m1} & x_{m2} & \cdots & x_{mn} \end{pmatrix} \tag{6-5}$$

通过 GEM 得出的结论,代表专家对研究对象的评估结果。专家评估能力的影响因素包括很多方面,并且与做评估时的个人偏好相关。因此,完全理性的专家是不存在的。假设相对理性的专家为理想专家 S_*,由于理想专家较为可靠,令理想专家的评估向量为 $\boldsymbol{x}^*=(x_1^*,x_2^*,\cdots,x_n^*)^{\mathrm{T}}\in E^n$。由于在进行 GEM 计算时邀请本领域权威专家,因此理想专家可以是,对评估对象意见高度一致的专家组,进而,即 S_* 的决策结论与 G 的完全一致。

令理想专家的评估 $\boldsymbol{x}^*$ 能够满足其函数 $f=\sum_{i=1}^{m}(\boldsymbol{b}^{\mathrm{T}}\boldsymbol{x}_i)^2$ 为极值时的向量,可知

在函数中 $\forall \boldsymbol{b}=(b_1,b_2,\cdots,b^n)\in E_n$，且当 $\|\boldsymbol{b}\|=1$ 时，即

$$\max_{\substack{\boldsymbol{b}\in E^n\\ \|\boldsymbol{b}\|=1}}\sum_{i=1}^{m}(\boldsymbol{b}^{\mathrm{T}}\boldsymbol{X}_i)^2=\sum_{i=1}^{m}(\boldsymbol{X}_*^{\mathrm{T}}\boldsymbol{Y}_*)^2 \tag{6-6}$$

其中，x^* 也即 G 对被评价单位的总评分。

（二）相关定理

当 n 阶实矩阵 $\boldsymbol{Q}\geqslant 0$ 不受束矩时，则：

（1）$\boldsymbol{Q}$ 存在最大正特征根 $\rho_{\max}$，并唯一；

（2）$\rho_{\max}$ 对应 $\boldsymbol{Q}$ 的所有特征向量的差距为一个因子。

矩阵 $\boldsymbol{x}$ 构成的方阵 $\boldsymbol{F}=\boldsymbol{X}^{\mathrm{T}}\boldsymbol{X}$ 是完全符合理论条件的。可以证明 $\boldsymbol{X}^*$ 就是最大正特征根 $\rho_{\max}$ 的向量。

令
$$\forall \boldsymbol{b}\in E^n,\max_{\boldsymbol{b}\in E^n}\sum_{i=1}^{m}(\boldsymbol{b}^{\mathrm{T}}\boldsymbol{X}_i)^2=\rho_{\max}$$

式中 $\rho_{\max}$——矩阵的最大特征根；

$\boldsymbol{X}^*$——$\rho_{\max}$ 对应 $\boldsymbol{X}^T\boldsymbol{X}$ 的正特征向量，且 $\|\boldsymbol{X}^*\|=1$。

设 $\boldsymbol{A}$ 是 $m\times n$ 阶矩阵，$\boldsymbol{B}$ 是 $n\times m$ 阶矩阵，则 $\boldsymbol{AB}$ 与 $\boldsymbol{BA}$ 有相同的（包括重数）非零特征值。

$\boldsymbol{a}_0$ 是 $\boldsymbol{X}^{\mathrm{T}}\boldsymbol{X}$ 的最大特征值所对应的特征向量，且 $\|\boldsymbol{a}_0\|=1$，则有 $\boldsymbol{X}^{\mathrm{T}}\boldsymbol{a}_0=K\boldsymbol{X}^*$，即 $\boldsymbol{a}_0$ 是 m 个专家的权重向量。

（三）GEM 的具体过程

系统 G 中的 m 个专家直接对 n 个研究对象进行评估，则矩阵为

$$\boldsymbol{x}=(x_{ij})_{m\times n}=\begin{pmatrix} x_{11} & x_{12} & \cdots & x_{1n}\\ x_{21} & x_{22} & \cdots & x_{2n}\\ \vdots & \vdots & & \vdots\\ x_{m1} & x_{m2} & \cdots & x_{mn}\end{pmatrix}$$

式中，$x\in[I,J]\,(i=1,2,\cdots,m;j=1,2,\cdots,n)$ 为第 i 个专家 S_i 对第 j 个被评目标 P_j 的评估结果。

将其与其转置矩阵相乘记为矩阵 $\boldsymbol{F}$，$\boldsymbol{F}=\boldsymbol{X}^{\mathrm{T}}\boldsymbol{X}$，$\boldsymbol{F}$ 的最大特征根对应的特征向量就是最终结果。

令精度为 ε，运用幂法求出理想专家 S_* 的评分向量 x^*：

（1）令 $k=0$，$\boldsymbol{y}_0=\left(\frac{1}{n},\frac{1}{n},\cdots,\frac{1}{n}\right)^{\mathrm{T}}\in E^n$，$\boldsymbol{y}_1=F\times\boldsymbol{y}_0$，$\boldsymbol{z}_1=\frac{\boldsymbol{y}_1}{\|\boldsymbol{y}_1\|_2}$；

（2）命 $k=1,2,\cdots$；$\boldsymbol{y}_{k+1}=\boldsymbol{F}\times\boldsymbol{z}_k$，$\boldsymbol{z}_{k+1}=\frac{\boldsymbol{y}_{k+1}}{\|\boldsymbol{y}_{k+1}\|_2}$；

（3）用 $|z_{k\to k+1}|$ 表示 z_k 和 z_{k+1} 对应分量之差的绝对值最大者，当 $|z_{k\to k+1}|$ 小于 ε

时,则 z_{k+1} 为结果。

(四)单根与重根的处理

若最大特征根为单根,则对应的特征向量具有唯一最优解;若最大特征根为重根,并解出其特征向量空间,则其特征向量空间所对应的那些评价指标认为是同等重要,其他被评测对象则用第二大特征根所对应的特征向量排名,或在评分矩阵中去掉已并列排名被评测对象的评分值,重新构造一个矩阵,用求解特征向量的方法进行第二次评价。

二、基于群组决策特征根法的权重确定

本书在前述问卷调查对象中选取15位具有代表性的专家,主要为来自有新能源汽车项目的企业高管、高校院所及政府部门开展新能源汽车产业发展政策研究的科研人员,向他们额外发放了问卷,对风险指标按每一层级进行因素的重要性打分,重要程度采用五级评分。专家意见评分等级见表6.3。

表6.3 专家意见评分等级

重要程度	非常重要	很重要	重要	不重要	很不重要
评分	5	4	3	2	1

运用群组决策特征根法对风险源进行处理,并通过对相关领域的专家进行问卷调查和访谈等方式得出新能源汽车产业风险源指标专家意见评分表,见表6.4。

表6.4 新能源汽车产业风险源指标专家意见评分表

专家	指标			
	A_{aa}	A_{ab}	A_{ac}	A_{ad}
E_1	5	5	4	4
E_2	5	5	5	4
E_3	5	5	3	5
E_4	3	5	4	4
E_5	5	5	4	5
E_6	4	5	4	4
E_7	5	4	4	5
E_8	4	5	4	4

表 6.4(续)

专家	指标			
	A_{aa}	A_{ab}	A_{ac}	A_{ad}
E_9	4	5	4	3
E_{10}	5	3	4	4
E_{11}	5	4	3	5
E_{12}	5	5	3	3
E_{13}	5	5	4	5
E_{14}	5	5	3	5
E_{15}	5	4	3	4

通过运用 MATLAB 软件进行计算得出矩阵值:

$$\boldsymbol{F}=\boldsymbol{X}^{\mathrm{T}}\boldsymbol{X}=\begin{pmatrix}332 & 325 & 260 & 301\\325 & 332 & 262 & 298\\260 & 262 & 214 & 238\\301 & 298 & 238 & 280\end{pmatrix}$$

通过 MATLAB 计算,得出最大特征根为单根。

对应的特征向量为

$$\boldsymbol{B}^{\mathrm{T}}=(0.536\,3,0.535\,8,0.428\,4,0.491\,7)$$

单位化可得 $\boldsymbol{B}^{\mathrm{T}}=(0.269\,2,0.269\,0,0.215\,0,0.246\,8)$

即一级指标权重分别为:技术风险源 0.269 2、市场风险源 0.269 0、产业安全风险源 0.215 0 和政策与环境风险源 0.246 8。

按照上述方法与步骤,得到新能源汽车产业风险评价指标权重,见表 6.5。

表 6.5　新能源汽车产业风险评价指标权重表

目标层	风险源(一级指标)	权重	风险指标(二级指标)	权重
新能源汽车产业风险 A	技术风险源 A_1	0.269 2	技术先进性 A_{11}	0.129 8
			技术成长潜力 A_{12}	0.140 2
			自主核心技术比例 A_{13}	0.084 5
			技术的可替代性 A_{14}	0.142 1
			技术人员数量 A_{15}	0.098 3
			技术的管理与组织情况 A_{16}	0.112 9

表 6.5(续)

目标层	风险源(一级指标)	权重	风险指标(二级指标)	权重
新能源汽车产业风险 A			技术标准体系的完善情况 A_{17}	0.063 1
			技术原创性 A_{18}	0.113 8
			技术的突变 A_{19}	0.042 1
			技术壁垒 A_{110}	0.073 2
	市场风险源 A_2	0.269 0	汽车的购置与使用成本 A_{21}	0.082 1
			汽车的安全性 A_{22}	0.100 2
			基础设施状况 A_{23}	0.124 2
			消费者接受度 A_{24}	0.102 1
			厂商投入状况 A_{25}	0.088 3
			产业集群成长状况 A_{26}	0.087 4
			产业链完备状况 A_{27}	0.122 3
			商业模式成熟度 A_{28}	0.120 6
			资金状况 A_{29}	0.074 4
			企业销售增长率 A_{210}	0.098 4
	产业安全风险源 A_3	0.215 0	本土企业市场主导地位 A_{31}	0.211 7
			本土品牌车型竞争力 A_{32}	0.140 2
			本土企业市场占有率 A_{33}	0.110 7
			海外市场占有率 A_{34}	0.074 1
			政策保护情况 A_{35}	0.191 6
			外资企业战略布局状况 A_{36}	0.171 6
			产业对政策的依赖性 A_{37}	0.100 1
	政策与环境风险源 A_4	0.246 8	政策的持续性 A_{41}	0.132
			政策的一致性 A_{42}	0.168
			经济周期影响 A_{43}	0.201 6
			传统能源发展状况 A_{44}	0.302 2
			法律规制 A_{45}	0.196 2

第四节　单因素模糊评价

需要说明的是，本书并没有让被调查者直接给评价因素按照评语集进行评价，而是采取了间接的方式。本书仍以情景分析过程中的前期调查问卷数据为基础，运用风险矩阵法，把每位专家的意见数据进行处理，按照评语集的要求进行转化，以确定每位专家对因素的风险评价等级。

一、基于风险矩阵的问卷数据处理

（一）风险矩阵的原理及运用步骤

风险矩阵法由美国空军电子系统中心（Electronic Systems Center，ESC）的采办工程小组于 1995 年 4 月提出，并在美国军方武器系统研制项目风险管理中得到广泛地推广应用。它不直接由专家得出判断矩阵，而是遵从专家对风险最直接的判断，根据事先划分的风险影响和风险概率，确定各个风险因素的等级，如表 6.6 和表 6.7 所示。其中，风险概率主要分为极不可能、较小可能、一般、较大可能、极有可能 5 个层次，风险影响（RI）主要分为低、较小、一般、严重、关键 5 个层次。

表 6.6　风险发生概率等级表

概率等级	概率等级描述	概率区间
1	极不可能	0.0～0.2
2	较小可能	0.2～0.4
3	一般	0.4～0.6
4	较大可能	0.6～0.8
5	极有可能	0.8～1.0

表 6.7　风险冲击水平程度等级表

风险影响等级	风险影响描述	量化区间
A	低	0.0～0.2
B	较小	0.2～0.4
C	一般	0.4～0.6
D	严重	0.6～0.8
E	关键	0.8～1.0

根据各个风险因素所属的风险影响级别和风险概率区间，横纵交错得出该风险因素的等级，这种判断风险等级的模式形成的风险矩阵如图6.2所示。

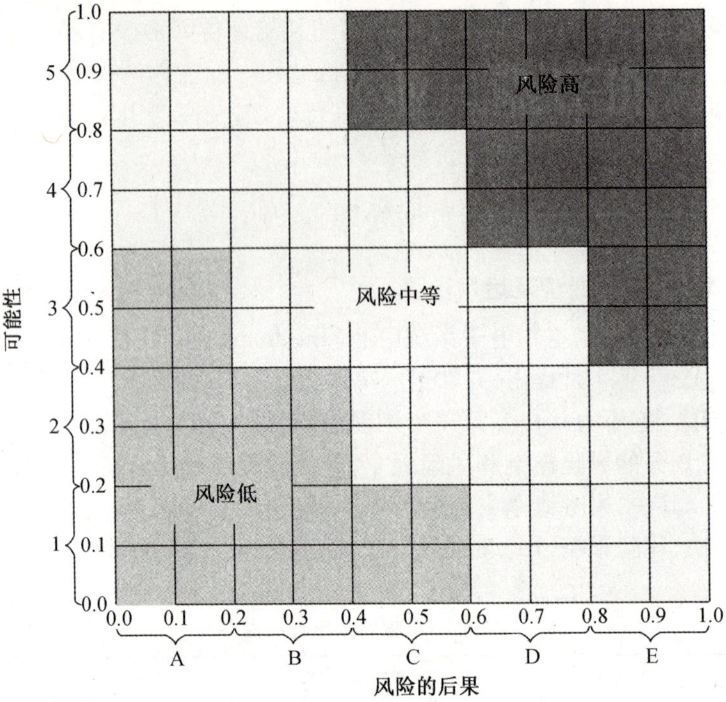

图6.2　风险矩阵

运用风险矩阵的基本步骤：

1. 对风险因素进行分析

略。

2. 判断该风险的影响程度

一般划分为关键、严重、一般、较小、可忽略5个等级，同时确定每一等级的分值区间，便于将风险影响程度量化。

3. 判断风险概率

由于风险发生难以准确预估，只能组织专家根据已有数据、信息和经验进行判断打分，风险发生概率一般也划分为5个等级，从极不可能发生到极有可能发生，每一等级规定相应的概率区间，将风险发生概率量化。

4. 确定风险等级

风险等级的确定依托于风险影响程度和风险发生概率，通过横向列表示风险影响程度，纵向列表示风险发生概率区间，形成矩阵的形式（如图6.2所示），进而确定该风险的等级分值,明确风险的等级。

借助风险矩阵,就可以把专家的意见按照评语集的要求进行了转化,以便进行进一步的模糊综合评价。

(二)问卷数据处理

如第五章的表 5.1 和表 5.2 所示,对因素的风险概率等级进行了 7 个级别的划分,对风险影响程度进行了 5 个等级的划分(分别见表 6.8 和表 6.9)。由此构建的风险矩阵如表 6.10 所示,由于根据表 6.10 得到的风险等级只是一个细化的范围,为求得一个确切的风险等级量化值,我们采用了线性插值法。其具体算法是,假设某一风险评价指标的风险影响量化值为 I,数值在区间$[I_1, I_2]$内;其风险发生概率为 P,即数值在$[P_1, P_2]$之间。定义该风险指标的风险等级量化值为 R,且处于$[R_1, R_2]$之间,则 R 值为

$$R = R_1 + \frac{(I - I_1)(P - P_1)}{(I_2 - I_1)(P_2 - P_1)} \cdot (R_2 - R_1) \tag{6-7}$$

由此,可以计算出更为精确的风险等级量化值,使评价结果更为客观,进而确定风险指标的风险等级,即确定其风险等级是高、较高、中等、较低还是低(见表 6.8)。

表 6.8 新能源汽车产业风险发生概率等级表

风险概率等级	事件发生概率区间
极小	[0,10%]
很小	(10%,30%)
较小	[30%,40%]
中等	(40%,60%)
较大	[60%,70%]
很大	(70%,90%)
极大	[90%,100%]

表 6.9 风险因子对产业冲击水平程度等级表

风险影响程度	影响程度量化值
很小	(0,1]
较小	(1,2]
一般	(2,3]
严重	(3,4]
关键	(4,5]

表 6.10　风险等级量化值对照表

风险概率(P)(%)	风险影响(I)				
	关键	严重	一般	较小	很小
	(4,5]	(3,4]	(2,3]	(1,2]	(0,1]
[0,10%]	2.5~3	1.5~2	1~1.5	0.5~1	0~0.5
(10%,30%)	2.5~3	2~2.5	1.5~2	1~1.5	0~0.5
[30%,40%]	3~3.5	2.5~3	2~2.5	1.5~2	0.5~1
(40%,60%)	3.5~4	3~3.5	2.5~3	2~2.5	1~1.5
[60%,70%]	4~4.5	3.5~4	3~3.5	2.5~3	1.5~2
(70%,90%)	4.5~5	4~4.5	3.5~4	3~3.5	2~2.5
[90%,100%]	4.5~5	4.5~5	4~4.5	3~3.5	2.5~3

基于风险矩阵的风险等级转化示例,见表 6.11。

表 6.11　基于风险矩阵的风险等级转化示例

风险因素	风险影响程度量化值	风险概率量化值	风险等级	
			量化值	等级
u_1	4.5	85%	4.69	高
u_2	4	90%	4.50	高
u_3	3.5	70%	3.75	较高
u_4	3	15%	1.63	较低
u_5	4.5	30%	3.00	中等
u_6	3	60%	3.00	中等
u_7	4.5	35%	3.13	较高
u_8	5	40%	3.50	较高
u_9	4.5	60%	4.00	较高
u_{10}	4	80%	4.25	高
u_{11}	4.5	35%	3.13	较高
u_{12}	5	60%	4.00	较高
u_{13}	4	55%	3.38	较高
u_{14}	4	50%	3.25	较高

表 6.11(续)

风险因素	风险影响程度量化值	风险概率量化值	风险等级	
			量化值	等级
u_{15}	3.5	60%	3.50	较高
u_{16}	4	30%	2.50	中等
u_{17}	5	40%	3.50	较高
u_{18}	4	65%	3.75	较高
u_{19}	3	40%	2.50	中等
u_{20}	4	55%	3.38	较高
u_{21}	5	60%	4.00	较高
u_{22}	4	70%	4.00	较高
u_{23}	3	75%	3.63	较高
u_{24}	2.5	40%	2.25	中等
u_{25}	4	40%	3.00	中等
u_{26}	3	75%	3.63	较高
u_{27}	3	70%	3.50	较高
u_{28}	4	65%	3.75	较高
u_{29}	5	70%	4.50	较高
u_{30}	4	65%	3.75	较高
u_{31}	5	50%	3.75	较高
u_{32}	1	15%	0.13	低

基于风险矩阵的风险等级转化情况样表,见表 6.12。

表 6.12　基于风险矩阵的风险等级转化情况样表

风险因子	受访者											
	i_1	i_2	i_3	i_4	i_5	i_6	i_7	i_8	i_9	i_{10}	i_{11}	i_{12}
u_1	4.69	2.38	4.63	3.63	4.5	4.88	4.5	3.75	4.13	2.5	4.63	4.88
u_2	4.5	3.75	4.88	3.25	2.88	4.25	4.75	3.63	4.75	4.5	4.13	4.5
u_3	3.75	3.5	4.75	4	3.5	4.75	4.5	3.75	4.25	4.5	4.75	4.5
u_4	1.63	2.38	3.25	2	3.25	4	3	3.13	3.13	4.5	4.25	4.25

表 6. 12(续)

风险因子	受访者											
	i_1	i_2	i_3	i_4	i_5	i_6	i_7	i_8	i_9	i_{10}	i_{11}	i_{12}
u_5	3	2. 25	3. 19	2. 5	3	4. 13	4	4. 75	3. 5	4. 5	4. 75	4. 38
u_6	3	2. 25	4	4	4. 25	3. 38	4	4. 75	4. 25	4. 5	4. 75	4. 75
u_7	3. 13	2. 63	3. 63	4. 5	4	4. 5	4. 25	3. 5	4. 5	4. 5	4. 5	4. 25
u_8	3. 5	3	4. 25	4. 13	4. 5	4. 75	4. 75	4. 5	3. 75	4. 5	4. 5	4. 88
u_9	4	2. 5	4. 5	4. 25	2. 88	4. 75	3. 5	4. 5	4. 5	4. 5	4. 5	3. 5
u_{10}	4. 25	3. 75	4. 56	4. 75	3	3. 75	3. 5	4	4	3. 75	4. 63	4. 5
u_{11}	3. 13	2. 75	3. 5	2. 13	3	4. 75	4. 5	4	3. 5	3	4	4. 38
u_{12}	4	2. 75	4. 88	4. 75	3. 75	4. 13	4	4	3. 5	4. 25	4	4. 75
u_{13}	3. 38	3. 63	4. 5	4. 63	4. 13	4. 75	4. 5	4. 63	4. 5	4	4	4. 06
u_{14}	3. 25	2. 25	4	4. 5	4. 25	4. 75	4. 5	4. 75	4	4. 25	4	4. 75
u_{15}	3. 5	2. 63	4. 5	3. 75	4. 06	4	3. 5	4. 75	4. 5	3. 5	3	4. 75
u_{16}	2. 5	2. 5	4. 75	3. 5	4. 25	4	4. 75	4. 75	4. 38	4. 5	2. 69	4. 5
u_{17}	3. 5	3	4. 06	3. 63	4. 38	4	3. 75	4. 63	4	4. 5	4	4. 13
u_{18}	3. 75	3. 5	3. 5	3. 5	3. 5	4. 75	4	4. 5	4. 5	4. 5	4. 5	4. 13
u_{19}	2. 5	3. 5	3. 5	3	4. 13	4. 5	4. 25	4. 13	2. 9	4	3. 75	3. 5
u_{20}	3. 38	2. 75	3. 5	4. 5	3	4. 88	4. 5	4. 75	3. 38	3. 5	4. 5	4
u_{21}	4	3. 5	4. 25	3. 88	4. 88	4. 5	3. 5	4. 5	4. 5	4. 75	3. 63	4. 69
u_{22}	4	3	4. 75	4. 75	3	4. 5	4. 5	4. 25	4. 88	4. 75	4	4. 5
u_{23}	3. 63	3. 5	4. 75	4. 75	4. 5	4. 88	4. 5	4. 75	4. 5	3. 75	4. 75	4. 5
u_{24}	2. 25	2. 13	4. 5	3. 75	3. 88	3. 75	4	3. 63	3	4. 5	4. 25	4. 13
u_{25}	3	3	4. 63	2. 63	4. 75	2. 5	3. 5	4. 75	3	4	3	4. 5
u_{26}	3. 63	4. 5	4. 25	4. 88	4	4. 5	3	4	3. 25	4. 5	4	4. 5
u_{27}	3. 5	3. 5	4. 88	3	3. 75	4. 75	4. 75	4	4. 5	4. 5	4. 5	4. 5
u_{28}	3. 75	3. 5	4. 75	3. 13	4. 88	4. 75	3	4. 75	88	4. 5	4. 25	4. 75
u_{29}	4. 5	3	4. 38	3. 5	4. 25	4. 75	3	3. 63	4. 5	4. 5	4. 5	4. 5
u_{30}	3. 75	3. 25	4	4. 25	4	4. 13	3. 5	3. 75	4. 5	3. 75	3. 5	4. 69
u_{31}	3. 75	3. 5	4. 75	3	3. 75	3. 25	3. 5	3	2. 88	4. 75	2. 5	4. 5
u_{32}	0. 13	3. 13	1. 56	1. 5	3. 5	3. 75	1. 5	2. 5	2	2. 5	1. 75	3. 25

二、单因素评价

根据表6.11和表6.12，可以确定每个被调查者对各个风险因素风险评价的等级，再利用式(6-3)得到技术、市场、产业安全、政策与环境四类因素指标的模糊关系矩阵 $\boldsymbol{R}_1,\boldsymbol{R}_2,\boldsymbol{R}_3,\boldsymbol{R}_4$ 分别为

$$\boldsymbol{R}_1=\begin{bmatrix}0&0&0.1&0.3&0.6\\0&0&0.05&0.3&0.65\\0&0&0.15&0.4&0.45\\0&0.1&0.15&0.45&0.3\\0&0&0.3&0.2&0.5\\0&0&0.15&0.3&0.55\\0&0&0.05&0.3&0.65\\0&0&0.05&0.25&0.7\\0&0&0.15&0.35&0.5\\0&0&0.1&0.4&0.5\end{bmatrix},\boldsymbol{R}_2=\begin{bmatrix}0&0&0.3&0.35&0.35\\0&0&0.05&0.55&0.4\\0&0&0&0.3&0.7\\0&0&0.05&0.4&0.55\\0&0&0.15&0.4&0.45\\0&0&0.15&0.3&0.55\\0&0&0.1&0.45&0.45\\0&0&0.05&0.6&0.35\\0&0&0.3&0.35&0.35\\0&0&0.2&0.4&0.4\end{bmatrix}$$

$$\boldsymbol{R}_3=\begin{bmatrix}0&0&0&0.45&0.55\\0&0&0.15&0.3&0.55\\0&0&0&0.35&0.65\\0&0&0.3&0.45&0.25\\0&0&0.3&0.3&0.4\\0&0.05&0.2&0.3&0.45\\0&0&0.1&0.3&0.6\end{bmatrix},\boldsymbol{R}_4=\begin{bmatrix}0&0&0.05&0.45&0.5\\0&0&0.1&0.3&0.6\\0&0&0.05&0.5&0.45\\0&0&0.4&0.45&0.15\\0.1&0.45&0.2&0.25&0\end{bmatrix}$$

按照最大隶属度原则，从技术风险指标模糊关系矩阵可以看出，指标 A_{18}，也就是新能源汽车产业的“技术的原创性”，对风险“高”的隶属度达到0.7，是技术风险源中最大的；其次是“技术的成长潜力”和“技术标准体系的完善情况”两项指标，对风险“高”的隶属度均为0.65；紧接着是“技术的先进性”，对风险“高”的隶属度为0.6。

对于市场风险指标，风险最大的是“基础设施状况”，对风险“高”的隶属度达到0.7；其次是“消费者接受度”和“产业集群成长状况”两项指标，对风险“高”的隶属度均为0.55；紧接着是“厂商投入状况”和“产业链完备状况”，对风险“高”的隶属度为0.45。

同样，在产业安全风险指标中，风险最大的是“本土企业市场占有率”，对风险“高”的隶属度达到0.65；其次是“产业对政策的依赖性”，对风险“高”的隶属度均为0.6；之后是“本土企业市场主导地位”和“本土品牌车型竞争力”，对风险“高”的隶属度为0.55。

在环境与政策风险指标中，风险最大的是“政策的一致性”，对风险“高”的隶属度为0.6；其次是“政策的持续性”和“经济周期影响”，对风险“高”的隶属度分别为0.5和0.45。

第五节　多因素模糊评价及综合评价

一、模糊合成评价

有了风险指标（二级指标）评价矩阵 $\boldsymbol{R}_i$ 和各评价指标的权重 $\boldsymbol{W}_i$，采用普通矩阵乘法得到各风险源（一级指标）评判矩阵：$\boldsymbol{E}_i=\boldsymbol{W}_i\boldsymbol{R}_i$，即技术风险源风险等级模糊合成计算结果为

$$\boldsymbol{E}_1=\boldsymbol{W}_1\boldsymbol{R}_1=\begin{bmatrix}0.1298\\0.1402\\0.0845\\0.1421\\0.0983\\0.1129\\0.0631\\0.1138\\0.0421\\0.0732\end{bmatrix}^{\mathrm{T}}\begin{bmatrix}0&0&0.1&0.3&0.6\\0&0&0.05&0.3&0.65\\0&0&0.15&0.4&0.45\\0&0.1&0.15&0.45&0.3\\0&0&0.3&0.2&0.5\\0&0&0.15&0.3&0.55\\0&0&0.05&0.3&0.65\\0&0&0.05&0.25&0.7\\0&0&0.15&0.35&0.5\\0&0&0.1&0.4&0.5\end{bmatrix}=\begin{bmatrix}0.0000\\0.0142\\0.1229\\0.3237\\0.5392\end{bmatrix}^{\mathrm{T}}$$

市场风险源风险等级模糊合成计算结果为

$$\boldsymbol{E}_2=\boldsymbol{W}_2\boldsymbol{R}_2=\begin{bmatrix}0.0821\\0.1002\\0.1242\\0.1021\\0.0883\\0.0874\\0.1223\\0.1206\\0.0744\\0.0984\end{bmatrix}^{\mathrm{T}}\begin{bmatrix}0&0&0.3&0.35&0.35\\0&0&0.05&0.55&0.4\\0&0&0&0.3&0.7\\0&0&0.05&0.4&0.55\\0&0&0.15&0.4&0.45\\0&0&0.15&0.3&0.55\\0&0&0.1&0.45&0.45\\0&0&0.05&0.6&0.35\\0&0&0.3&0.35&0.35\\0&0&0.2&0.4&0.4\end{bmatrix}=\begin{bmatrix}0.0000\\0.0000\\0.1214\\0.4163\\0.4624\end{bmatrix}^{\mathrm{T}}$$

产业安全风险源风险等级模糊合成计算结果为

$$E_3=W_3R_3=\begin{bmatrix}0.2117\\0.1402\\0.1107\\0.0741\\0.1916\\0.1716\\0.1001\end{bmatrix}^{\mathrm{T}}\begin{bmatrix}0&0&0&0.45&0.55\\0&0&0.15&0.3&0.55\\0&0&0&0.35&0.65\\0&0&0.3&0.45&0.25\\0&0&0.3&0.3&0.4\\0&0.05&0.2&0.3&0.45\\0&0&0.1&0.3&0.6\end{bmatrix}=\begin{bmatrix}0.0000\\0.0086\\0.1451\\0.3484\\0.4979\end{bmatrix}^{\mathrm{T}}$$

政策与环境风险源风险等级模糊合成计算结果为

$$E_4=W_4R_4=\begin{bmatrix}0.1320\\0.1680\\0.2016\\0.3022\\0.1962\end{bmatrix}^{\mathrm{T}}\begin{bmatrix}0&0&0.05&0.45&0.5\\0&0&0.1&0.3&0.6\\0&0&0.05&0.5&0.45\\0&0&0.4&0.45&0.15\\0.1&0.45&0.2&0.25&0\end{bmatrix}=\begin{bmatrix}0.0196\\0.0883\\0.1936\\0.3956\\0.3029\end{bmatrix}^{\mathrm{T}}$$

再按照上述步骤，求出目标层的评判矩阵

$$B=WR=\begin{bmatrix}0.2692\\0.2690\\0.2150\\0.2468\end{bmatrix}^{\mathrm{T}}\begin{bmatrix}0.0000&0.0142&0.1229&0.3237&0.5392\\0.0000&0.0000&0.1214&0.4163&0.4624\\0.0000&0.0086&0.1451&0.3484&0.4979\\0.0196&0.0883&0.1936&0.3956&0.3029\end{bmatrix}=\begin{bmatrix}0.0048\\0.0275\\0.1447\\0.3717\\0.4513\end{bmatrix}^{\mathrm{T}}$$

从上述得到的矩阵可以看出，技术风险源对风险等级“高”的隶属度为0.539 2，产业安全风险源对风险等级“高”的隶属度为0.497 9，市场风险源对风险等级“高”的隶属度为0.462 4。相较于前述三类风险源，政策与环境风险源风险等级相对较低，最大隶属度是“较高”，隶属度是0.395 6。

向量 $\boldsymbol{B}$ 表明了我国新能源汽车产业风险水平隶属于各个等级的程度。从数值看，产业风险等级还是很高的，对风险等级“高”的隶属度达到0.451 3，对“较高”的隶属度达到0.371 7，说明产业风险水平处于高位。

二、综合评价

进一步，为得到产业风险评价的具体数值，可用一个具体的数字表示综合评价得分。设综合评价等级的隶属度向量 $\boldsymbol{K}=(k_1,k_2,k_3,k_4,k_5)$，则产业风险评价综合得分为

$$\boldsymbol{S}=\boldsymbol{KB}=(k_1b_1,k_2b_2,k_3b_3,k_4b_4,k_5b_5) \tag{6-8}$$

以表6.2中的风险等级量化区间的中位数作为参考，得到隶属度向量为

$$\boldsymbol{K}=(0.5,1.5,2.5,3.5,4.5)$$

最后的风险评价综合得分为

$$\boldsymbol{S}=\boldsymbol{KB}=0.5\times0.0048+1.5\times0.0275+2.5\times0.1447+3.5\times0.3717+4.5\times0.4513=3.7372$$

参考表6.2数据，说明我国新能源汽车产业整体风险处于较高水平。

第六节　评价结果分析

从结果来看，无论是通过综合评价还是多因素评价，都说明我国新能源汽车产业风险处于较高水平。

从技术风险源来看，对风险等级“高”的隶属度为0.539 2，也是所用四类风险源中最高的，评价结果说明技术作为发展新能源汽车产业的核心要素，是否能持续地给予我国新能源汽车产业发展以稳定支撑存在很大的风险。具体从单因素评价分析，技术风险源的10项指标中除了“技术可替代性”这一指标的最大隶属度“较高”外，其他9项最大隶属度全部为“高”，且隶属度值均为0.5以上，尤其是“技术先进性”“技术成长潜力”“技术标准体系完善情况”“技术原创性”4项指标对风险等级“高”的隶属度最大，均达到0.6以上。这些指标所反映的内容均与产业技术的核心能力密切相关，都需要借助于产业的技术创新体系的完善来实现。

从市场风险源来看，对风险等级“高”的隶属度为0.462 4，评价结果说明我国新能源汽车产业市场风险也很高。具体从单因素评价分析，从整体上看，与技术风险源相比，市场风险源各评价指标对风险等级“高”隶属度相对有所降低。市场风险源中，对风险等级“高”隶属度最大的是“基础设施状况”，数值达到0.7，这说明基础设施建设对我国新能源汽车产业未来市场发展有着极为重要的影响，需要通过商业模式的创新，引入多元投资主体来分散风险，提高基础设施投资与建设主体的积极性。市场风险源中另外需要注意的风险因素为“消费者接受度”和“产业集群成长状况”，二者对风险等级“高”的隶属度均为0.55。前者说明未来消费者是否会认可和接受新能源汽车还会存在很大风险，这需要依赖于基础设施的完善情况，汽车购置和使用成本的降低、汽车安全性的提升等；另一方面，也要通过软环境的建设如消费文化的变革、法律的保证等方面来引导消费者对新能源汽车的认知和认可。

汽车产业集群是指集中于一定区域内的汽车整车生产企业、汽车零配件企业及其相关部门，通过纵横交错的网络关系紧密联系在一起，从而形成的空间集聚体。新能源汽车产业相关企业聚集在一起，彼此相互竞争又共同合作，非常有利于提高新能源汽车产业的竞争实力。“产业集群成长状况”对风险等级“高”的隶属度达到0.55，一旦产业集群成长缓慢，将会严重影响我国新能源汽车产业竞争力的培育。

对于产业安全风险源，从隶属度来看风险也非常高，说明我国新能源汽车产业还面临较大的威胁。从具体的单因素评价来看，对风险等级“高”的隶属度最大的指标为“本土企业市场占有率”和“产业对政策的依赖性”，隶属度数值分别为0.65和0.6，同时“本土企业市场主导地位”和“本土品牌车型竞争力”两项指标的对风险等级“高”的隶属度也都达到0.55，说明我国新能源汽车企业过度依赖政策的支持，未来市场地位会受到外来新能源汽车企业的威胁，需要通过充分发挥市场机制的作用，努力提升产业核心能力来应对外来威胁。

对于政策与环境风险源，按照最大隶属度原则，对风险等级“较高”的隶属度为0.395 6。具体从单因素评价来看，“政策的一致性”“政策的持续性”“经济周期的影响”三项指标的对风险等级“高”的隶属度最大，说明我国新能源汽车政策体系尚需完善，政策间的协调性不足，国家需要充分发挥政策的统领作用。

需要特别说明的是，虽然按照最大隶属度原则，有些指标对高风险等级的隶属度数值并不高，这并不能说明这些指标所反映的风险可以被忽视。例如，对于市场风险源中的“汽车的购置与使用成本”和“商业模式成熟度”两项指标，对应的隶属度向量均为(0,0,0.3,0.35,0.35)，也就是所反映的风险等级隶属度较为分散，虽然按照最大隶属度原则说明风险等级不算高，但分散的隶属度说明该指标未来的不确定性较大，即“高”“较高”“中等”都有可能，对产业风险管理与控制的指导意义就是要努力使这种不确定性因素的变动结果朝着有利于产业发展的方向变化。

第七节 本章小结

本章采用风险矩阵方法处理调查问卷数据，群组决策特征根法进行指标确权，最后运用模糊合成运算确定各类风险源对各风险等级的隶属度。计算结果显示，对风险等级“高”的隶属度达到0.451 3，对“较高”的隶属度达到0.371 7，说明我国新能源汽车产业整体产业风险水平处于高位等级。同时，通过单因素评价，也能找出具体的高风险等级因素。

第七章　我国新能源汽车产业风险控制对策与建议

第一节　充分发挥政府在新能源汽车产业风险规避中的总体协调作用

一、发挥国家级协调机构在产业风险规避中的作用

从国家层面来看,2013 年 11 月,经国务院批复,由工业和信息化部牵头建立了节能与新能源汽车产业发展部际联席会议制度,以强化组织领导和统筹协调,加强部门间协同配合,解决新能源汽车推广应用中的重大问题,提高工作效率。在上述框架下,应该进一步强化机制对产业风险的规避功能,建立相应的工作机制和协调联动机制,明确产业风险预警和相应责任主体,解决产业实际发展过程中出现风险或潜在风险时,对风险的预判不充分,预警和响应不及时,从而错失良好的风险控制时机的问题。

二、建立国家层面的产业风险预警与动态监测体系

通过整合各方力量,包括政府、科研院所、中介机构、相关企业等建立科学的产业风险预警与动态监测体系。

风险预警和动态监测体系要能涵盖产业外生性风险和内生性风险,对重点领域加强管控。

对于外生性风险源,尤其要关注技术突变风险、周期性风险和外部竞争风险,利用大数据技术等最新手段及时识别和扫描产业发展外部环境可能的微弱风险信号,建立相应的数据库资源,识别出关键的风险信号,重点监控,及时为政府和各产业参与主体提供产业风险预警信息。考虑到外生性风险的特点是风险影响范围广、风险可控性差,这就要求产业各参与主体能够根据外部风险预警信息,提前制定出产业外部风险应对预案,做到风险来临时能够及时作出响应。

针对内生性风险源，要加强对行业的运行情况的监测，很重要的一点是尽快建立新能源汽车产业统计制度，以便获得全面、规范的产业发展数据，才能更好地识别产业风险。

三、建立全国性的产业风险信息共享平台

对于各产业参与主体而言，及时、准确、全面地掌握新能源汽车产业风险信息至关重要。通过建立全国性的产业信息共享平台，坚持信息对等的原则，确保企业、消费者等经济活动参与者对风险信息的知情权和获取权。当然，建立全国性的新能源汽车产业风险信息共享平台并不是说平台的建设与运行都由政府包办，而是要借助中介机构的专业优势和市场化力量，通过信息购买或成本补贴的形式，或建立一种创新的利益交换补偿机制，确保信息交流通道的顺畅，降低信息置换过程中的时间和经济成本。产业风险信息具有特殊性，有些信息可能关系到国家经济安全，或涉及企业的商业机密。根据安全需求对产业风险信息进行相应分类，对于可以全面公开的信息要全面向各参与主体公开，对于可部分公开的信息则进行部分公开，对于涉及经济安全或商业机密的风险信息则通过特殊管道进行信息传递。

第二节　努力降低新能源汽车产业政策风险

我国新能源汽车产业政策主导色彩比较浓厚，产业各主体对政策的依赖倾向较为严重，同时也造成了各主体更关注政策的走向，并综合产业各方面信息建立自己的预期，政策的不确定性和预期的不确定性会增加产业风险形成复杂性，以及风险管理与控制的复杂性。所以明确的政策导向和以市场主导、政策引导的发展思路对于降低我国新能源汽车产业政策风险极其重要。

一、明确新能源汽车产业政策导向

新能源汽车产业的发展需要政府给出明确的政策导向，这样才能稳定各产业参与主体对未来的预期，增强信心，才可能持续地投入新能源汽车产业。才能让传统汽车产业基础并不厚实的中国汽车工业能够集中力量，在新能源汽车领域实现“弯道超车”。

目前从我国新能源汽车产业发展实际情况来看，很多规划的目标并没有按期完成，如我国在新能源汽车首批推广工作中，公共和私人领域分别完成推广目标的60%和不足10%。在此情况下，为了扭转人们对新能源汽车产业发展的观望心态，明确的政策导向变得更为重要。

要做到明确政策导向，就必须保持新能源汽车产业政策的持续性和一致性。而从本书第六章对我国新能源汽车产业风险评价来看，政策的一致性和持续性风

险都很高,风险"高"的隶属度分别为0.6和0.5,这说明人们对产业政策的风险认知很高,对明确的政策导向有着更大的期待。这就要求政策制定部门对现有的政策要进行全面的梳理,及时发现可能存在的政策不一致和不持续问题,尽快扭转,最高政策制定部门要做好总体统筹,完善我国新能源汽车产业发展政策体系,形成长期稳定的激励和约束机制,给产业发展清晰、明确的指向,稳定各参与主体的政策预期。

二、充分贯彻市场主导,政策引导的发展思路

发展新能源汽车是一项系统工程,在研发、示范和市场导入初期需要一个有利的政策环境。政策要以培育良好的新能源汽车发展环境为出发点,逐步确立市场主导地位。通过制定引导性政策,使产、学、研、用和社会各方力量形成合力,构建中国特色的新能源汽车产业发展环境,推动我国电动汽车产业快速、健康发展。充分发挥各政策工具的优势,逐步减少直接干预政策比重,增大间接调控政策比重,发挥政策杠杆作用,调动新能源汽车相关参与主体的积极性、主动性,减少对政策的依赖性。同时,在充分借鉴国外经验和结合我国自身实际的基础上,在政策上要有所创新,如将碳排放交易的思想引入新能源汽车产业,或借鉴美国加州汽车生产企业零排放车(Zero Emission Vehicle,ZEV)规定,制定实施基于汽车企业平均燃料消耗量的积分交易和奖惩办法,在考核企业平均燃料消耗量时对新能源汽车给予优惠,鼓励新能源汽车的研发生产和销售使用,迫使和激励企业研发并提高新能源汽车产销量,使企业发展新能源汽车成为自动自觉的行为。

强化政策对新能源汽车产业链构建的支持。以往的扶持政策更多的是关注产业链的末端,即对整车企业或消费者从财税方面的支持较多,这样可以增大扶持效果的显示度,短期效益明显,但容易造成企业对政策的过度依赖和企业投机行为,进而导致企业创新动力不足。需要从新能源汽车全产业链的视角,抓住重点和薄弱环节,通过政策的引导与支持寻求突破。当前需要进一步完善相关的财政、税收、金融等支持政策,在财税补贴政策方面,出台除购买环节以外的,科研、贷款、充电加气站建设用地和售后服务等全方位的优惠政策;在税收政策方面,制定研发环节、原材料环节、生产环节、消费环节、保有使用环节全产业链的税收优惠扶持政策;在金融政策方面,鼓励有技术优势、市场前景好的电动汽车整车和零部件企业,通过发行企业债券、短期融资券、中期票据和股票,广泛吸纳社会资金或在资本市场上筹集资金。

三、建立新能源汽车产业政策实施效果评价机制

定期评估政策实施情况,开展政策实施后的效果评价和调整研究,不断完善相关措施。由于新能源汽车产业内外部条件和环境的变化,产业政策实施的效果具

有很大的不确定性，这就要求能够及时地对产业实施效果进行动态监控，并适时的进行效果评价，发现问题，及时对政策进行完善调整。而且建立新能源汽车产业政策实施效果评价机制也有利于奖优罚劣，更好地发挥激励功能，也有利于提高政策的制定和执行的质量与效果。

第三节　建立合理的风险分担和利益共享机制

从本书分析可知，发展新能源汽车产业会涉及技术、市场、政策等各类风险，但不同参与主体所承担的风险是有差异的，汽车厂商往往要承担所有各类风险，而且汽车厂商所承担的风险可控、可测性更差，而基础设施建设企业如电力公司所承担的风险比整车企业稍小一些，终端使用企业（如公交公司等）等所承担的风险相对较小，而且风险的可预知性较大。同时，不同主体的收益情况也有巨大的差异，目前在普遍面临低利润或零利润风险的情况下，主体享受政府的补贴多，则收益预期也较高，反之则低。这种风险和收益的分布不均，显然不利于调动所有主体的积极性，并且有利于增强整个产业体系运行的稳定性。因此建立健全的风险分担机制是非常有必要的，它是实现新能源汽车产业利益相关者互利共赢的保障。

一、鼓励社会资本参与新能源汽车领域

要完善新能源汽车金融服务体系，满足新能源汽车生产、经营、消费等各环节的融资需求，大力拓宽融资渠道，鼓励社会资本参与新能源汽车生产和运营服务。也要鼓励非银行金融机构加大力度支持对新能源汽车产业融资，如保险公司可以开发新能源汽车筹措资金的风险保障项目，增强新能源汽车产业的信贷能力。社会化金融服务一方面能够为发展新能源汽车产业提供资金支持，另一方面，也是更为重要的是，社会资本所具有的专业和规范的市场运作流程，能够更为熟练地驾驭和管控风险，是发展新能源汽车产业一个非常重要的市场力量。

二、创新新能源汽车产业商业模式

由于受我国传统汽车产业格局以及不同区域条件差异的影响，不同城市或区域建立了各具特色的新能源汽车产业商业模式。多元商业模式共存，体现了我国新能源汽车产业商业模式正处于探索阶段，要通过市场的不断检验，但最终还是要确立一个或少数几个可以全面推广的成熟商业模式。同时，必须要认识到的是，由于我国新能源汽车产业正处于产业化前期阶段，商业模式走向成熟的过程是产业各发展要素逐步成长与完善的过程，也是商业模式不断创新的过程，创新的商业模式要求从全产业链的视角，通过对价值链的重新梳理，了解各个环节、各个主体创造价值的过程和投入产出情况，抓住价值链的梗阻环节，让产业链各环节企业分摊

不同特性成本，形成产品价格的市场竞争力。这种创新的产业商业模式，能够让整个产业分别通过产品销售收入和服务收入两大平台赢得利润，从而积极地调动多方参与基础设施建设和运营的积极性，尽快形成合理的利益分配机制和开放、可持续的基础设施运营机制。

第四节　努力提升产业核心能力

一、完善我国新能源汽车产业科技创新体系

新能源汽车产业的核心竞争力是其所拥有的创新技术以及优秀的产品质量。技术创新、产品创新更重要的还是理论的创新和管理模式的创新，因此应建立适合经济社会需要和新能源汽车产业发展的科研体系，为理论创新、技术创新提供良好的环境基础。目前从国家层面上讲，我国新能源汽车行业已经建立起比较完整的技术创新体系，但现有体系亟须完善。新能源汽车产业科技创新体系要以基础研究为基础，关键技术为核心，多种生产技术与之匹配，包括产业共性技术和关键技术的特定结构的技术体系。新能源汽车产业科技创新体系应该包含技术储备体系、技术识别体系、技术生成体系、技术评价体系、技术吸收体系、技术标准体系、技术组织与控制体系等。同时在整个体系中，围绕着关键技术突破、技术产品实现，建立包括利益驱动机制、社会激励机制、运营机制、扩散机制、保障机制和优化机制等。

作为一个产业科技创新体系，产业发展的社会系统方面的能力是不可或缺的，所以，我国新能源汽车产业科技创新体系的构建必须要着眼产业全局和全产业链。同时，也要放眼国际，加强国际交流与合作，积极开展与美国、德国等国家和相关国际组织在新能源汽车前沿基础技术研究、测试与标准规范制定、联合示范与考核、技术发展路线图等方面的合作。

二、加快产业标准化建设

标准化是在经济、技术、科学及管理等社会实践中，对重复性事物和概念通过制定、发布和实施标准，达到统一，以获得最佳秩序和社会效益。标准化是国民经济和社会发展中一项重要的技术基础工作，是推动经济发展和技术进步不可或缺的因素，也是中国新能源汽车产业化发展重要的技术保障。标准化所带来的统一和最佳秩序也会对新能源汽车产业风险的规避发挥巨大的作用。

新能源汽车产业标准化建设要由国家专门机构进行统筹管理，严格明确相关单位权责分配，建立健全行业标准，并提升标准的可操作性和实用性。要统一标准和目录。各地区要严格执行全国统一的新能源汽车和充电设施国家标准与行业标

准,要严格控制地方性的新能源汽车和基础设施标准的制定与实施。新能源汽车标准建设要有前瞻性,要能紧跟世界新能源汽车技术发展步伐,掌握相关技术前沿,明确未来技术发展趋势,制定我国新能源汽车自主创新的技术标准法规体系战略,逐步形成适合我国新能源汽车产业发展的,具有国际竞争力的新能源汽车标准法规体系列。要重点突破当前急需解决的标准建设问题,积极协调各利益主体间的关系,尽快完善电池尺寸、充电电压、通信协议、充电站设计等制约产业进一步发展的标准建设,为大规模示范和产业化提供技术标准法规支持。

深度参与国际新能源汽车标准制定与建设工作,逐步建立与国际接轨的标准体系,在制定和不断完善我国新能源汽车相关标准的基础上,针对新能源汽车涉及的各种已有和未制定标准,开展交流与合作,积极参与国际标准的研究与制定,争取在优势产品和技术领域发挥主导作用,为我国新能源汽车产业争得更多的国际话语权。

同时,要加大新能源汽车产业标准化工作的宣传力度,为标准化工作的顺利开展创造良好的舆论环境。

三、做好技术和人才储备

新能源汽车产业作为新兴产业,技术和人才是最为核心、最为能动的发展要素。新能源汽车技术作为新兴技术,需要一个庞大的技术群作为支撑,技术群中既包括基础技术、前沿技术,也有正在形成的技术以及成形的技术。人才是知识经济的核心资源,任何产业的发展都需要各类金融、风险投资、高技术等相关的人才,只有充分发挥人的积极性才能促进一个产业的发展。随着我国新能源汽车产业不断发展和壮大,客观上需要一大批新能源汽车产业专门人才与之发展相适应。所以,提前做好新能源汽车产业技术和人才储备是十分必要的。

在技术储备方面,要瞄准国际前沿技术,要攻克以新型动力电池、储能系统、燃料电池、驱动系统、整车控制和信息系统、充电加注、试验检测等共性关键技术以及整车集成技术等为代表的一批前沿高端难点技术。开发出具有关键技术综合集成性、先进成果展示标志性、系列化、高级别新能源汽车,深入开展下一代新能源汽车自主创新研究,为产业中长期发展做好技术储备。

同时,要处理好自主与引进的关系,要自主研发为主,技术引进为辅,对现有的技术要认真评估,确定自主与引进的技术目录。对于产业发展急需技术或考虑到成本因素,有些技术经过认真论证,完全可以采用技术引进的或合作研发的方式获得。

新能源汽车专业人才是能够掌握国际国内新能源汽车技术发展状况以及相关企业发展动向、了解新能源汽车行业的发展战略以及相关政策举措、具备新能源汽车专业技术知识的人才。在人才储备方面,政府应该着力完善人才培养体系,为汽车产业的发展以及新兴产业的崛起提供有力的人才支持，以国家专项工程为依托，引进和培养一批国际知名的领军人才，加强与新能源汽车有关的电化学、新材料、汽车电子、车辆工程、机电一体化等相关学科建设，培养技术研究、产品开发及管理人才。实施人才引进计划，鼓励企业、大学和科研机构从国外引进专业人才，积极开展产、学、研合作。通过本土培养和筑巢引凤相结合，确保国内新能源汽车产业人才供应体系的稳定。

四、建立全国性质的新能源汽车产业技术联盟

目前，我国各地按照区块划分在全国范围已经建立了数十家各类新能源汽车产业联盟，但我国各类联盟发展水平参差不齐，从实际运行效果看，很多联盟还处于概念阶段，联盟的功能定位模糊，组织松散，运行机制没有建立，联盟的功能并没有充分发挥。而且从产业整体来看，这种分散的联盟组织也容易造成对市场的分割，资源的分散，形成不了合力。所以，需要建立一个全国性质的新能源汽车产业技术联盟，联合整个产业链的各个主体，组建以产学研合作模式为核心的产业技术联盟，可加快新能源汽车产业从技术研发到产业化生产和市场推展的商业化进程。全国性的联盟要明确自身功能定位，运行机制，捋顺全国联盟与区域联盟的关系，各自发挥自身应有功能。

五、加强我国新能源汽车产业品牌建设

无论是对于一个企业，还是整个产业，品牌是综合实力的象征，培育品牌的过程就是不断提升产业核心竞争力的过程，也是稳定现有市场、开拓和占领全新市场的重要途径。世界汽车业巨头发展成功经验表明，品牌建设是发展新能源汽车产业不可或缺的重要工作内容。培育我国新能源汽车品牌可以从以下几个方面着手：培育几个具有世界影响力的新能源汽车产业集群，打造几个具有国际示范功能的新能源汽车推广示范城市或区域，培育几个国际知名的关键零部件企业与整车企业，培育几个国际知名的关键零部件品牌和汽车品牌。

第五节　加强我国新能源汽车产业软环境建设

一、文化环境建设

创造低碳环保的消费文化氛围，提高整个社会的环保意识，使消费者转变消费模式，养成低碳化、低能耗的消费习惯，提升消费质量，追求文明消费。全社会应形成低碳消费氛围，引导消费者树立与低碳消费相协调的价值观和消费观，更多地让消费者感受低碳交通出行对环境改善的作用，鼓励低碳消费，汽车消费要以追求绿

色、健康为导向,改变我国以高耗油汽车为主的消费结构。培育崇尚购买、使用新能源汽车的消费文化,提高消费者认知,用心培养消费者转换愿望。

发展新能源汽车产业离不开创新商业环境的培育及企业家创新精神的塑造。要创造有利于新能源汽车产业发展的创新文化环境。构建创新文化必须融合东西文化,以中华民族优秀的传统文化为本,吸收一切优秀文化,提炼融合,积极倡导进取、开拓、创新、合作精神,努力塑造一种有利于我国新能源汽车产业的创新文化。文化创新应以培养创新精神为导向,培养和树立创新精神,使广大民众崇尚创新,积极投身于创新活动。一方面创新主体要敢于探索和冒险、勇于标新立异开拓进取,坦然面对挫折和失败;另一方面,在创新主体间要形成团结协作、公平竞争、宽容和谐的良好文化氛围,共同寻求创新和突破。

加强宣传引导和舆论监督。当前,消费者对新能源汽车品牌、驾驶性能、节能减排、国家优惠政策等都缺乏了解。各有关部门和新闻媒体在新能源汽车宣传普及过程中不仅要宣传新能源汽车的品质,特别是强调其安全保护方面的技术措施,还要通过多种形式大力宣传新能源汽车对降低能源消耗、减少污染物排放的重大作用,组织业内专家解读新能源汽车的综合成本优势。要通过媒体宣传,提高全社会对新能源汽车的认知度和接受度,同时对损害消费者权益、弄虚作假等行为给予曝光,形成有利于新能源汽车消费的氛围。

二、法律环境建设

发达国家经验表明,新能源汽车产业化的顺利发展离不开法律的保障。从国内外新能源汽车产业发展政策导向上来看,国外发达国家一般倾向于利用严格的环境保护法案,并将新能源汽车产业政策纳入到相关法律的内容,间接引导和控制企业行为,用法律的手段一方面保证了政策的权威性和强制性,保障了新能源汽车政策的有效实施,同时,在具体法规内容的设计上更具创新性和灵活性,为企业留有自我选择空间。我国应该认真汲取发达国家经验,在探索促进新能源汽车产业发展的政策手段时,要能够开阔视野,把新能源汽车产业放在一个更大的宏观环境下考察,完善相关法律法规,为新能源汽车产业化发展提供法律依据和法律保障,形成新能源汽车产业稳定的发展环境,能够灵活运用法律和行政两种手段,发挥各自优势,全面促进新能源汽车产业化的可持续发展。

第一,需要加强专项立法,在立法的过程中,一定要明确地界定产业政策所发挥作用的边界,注重市场机制作用的发挥;第二,需要加强产业政策的立法,政府应抓紧制定指导汽车产业可持续发展的产业基本法,并以此基本法为依据进一步制定和完善新能源汽车产业促进法;第三,要加强知识产权立法,对于以知识密集、技术密集为特征的汽车产业而言,在完善新能源汽车产业的整个过程中,相关部门一定要重视将法律与该产业特点相结合,根据不同的产业特性确立不同立法标准,扩大知识产权相关法律法规所能够保护的范围；第四，要加强管理机构立法，可以考虑通过设置委员会的形式来整合和提升执法机构的权力和能力，确保法律的权威性和可行性。

第六节　本章小结

采取相应措施将会有效化解和规避我国新能源汽车产业风险。本章从如何更好地发挥政府在新能源汽车产业风险规避中的作用、降低政策风险，建立合理的风险分担与利益共享机制，以及努力提升新能源汽车产业核心能力、加强我国新能源汽车产业软环境建设等方面提出了具体的对策和建议。

结　论

伴随全球环境和能源问题凸显，以消耗石化能源为代表的汽车产品日益受到关注。中国是汽车消费量最大的国家，传统动力汽车消费量的增长，推动传统能源消耗量激增，带来碳排放量和能源压力，制约经济、环境和社会的可持续发展。在此背景下，加快发展新能源汽车产业成为破解上述困境的必然抉择，发展新能源汽车已刻不容缓。本书以我国新能源汽车产业风险为研究对象，从风险识别与评价的角度进行深入研究。主要形成以下结论：

(1)通过预测表明，我国未来石油消费量和汽车保有量将出现双激增现象，由此会使能源与环境问题更加严峻，也进一步验证了我国发展新能源汽车产业的迫切性。

(2)新能源汽车产业风险由内生性风险和外生性风险构成。内生性风险包括基础性风险、结构性风险和网络性风险，外生性风险包括技术突变风险、经济周期风险、外部竞争风险、政策与法律风险。

(3)新能源汽车是汽车产业的发展方向和未来，新能源汽车产业具有高度风险性，其风险形成机理、识别与评价具有独特性。新能源汽车产业具有技术密集性、资金密集性、战略性、高风险性、高竞争性、低碳环保性等特征，这些特征既决定了新能源汽车产业风险形成机理的独特性，也决定了研究新能源汽车产业风险形成机理要有独特的视角；传统的风险识别与评价方法应用于新能源汽车产业具有很大的局限性。新能源汽车产业风险识别与评价难点有：一是数据难以获得，二是没有现成的风险识别与评价方法和经验可借鉴，三是影响因素间的复杂关系如何展现比较困难，四是需要考虑如何将风险的动态发展体现于产业风险识别与评价中。

(4)通过明确新能源汽车产业风险定义和我国新能源汽车产业风险识别与评价的目标，从而界定了研究问题的范围，总结出我国新能源汽车产业风险分析与评价应采用的方法特征，构建了我国新能源汽车产业风险识别与评价的研究框架，框架包含三个维度，分别为基于风险源的产业风险识别、基于情景分析的产业风险识别和产业风险评价。其中，基于风险源的产业风险识别包含两个方面，即关键风险源识别和基于风险因素交互关系的风险识别。

(5)我国新能源汽车产业关键风险源分为技术风险源、市场风险源、产业安全风险源、政策与环境风险源。基于风险源的角度，在明确指标体系的特点和建立原则的基础上，通过构建新能源汽车产业风险评价指标体系和 FIR 风险分析模型，确定了我国新能源汽车产业技术、市场、产业安全以及政策与环境四类关键风险源，并从具体指标和指标间交互关系对产业风险进行识别与分析。

(6)通过问卷设计与调查，确定了我国新能源汽车产业风险源中具有重要的、不确定性高的和破坏性强的关键风险要素，建立不确定性轴面，识别出三类未来可能的风险情景，即技术和市场都能够快速发展且具有有利的政策与环境的产业低风险情景，技术快速发展、市场发展缓慢且具有有利的政策与环境的市场型风险情景，技术和市场都发展缓慢且具有不利的政策与环境的产业全面型风险情景。

(7)采用风险矩阵方法处理调查问卷数据，运用群组决策特征根法进行指标确权，最后运用模糊合成运算确定各类风险源对各风险等级的隶属度。计算结果显示，产业对风险等级“高”的隶属度达到 0.451 3，对风险等级“较高”的隶属度达到 0.371 7，说明我国新能源汽车产业整体产业风险水平处于高位等级。

(8)根据风险识别和评价的结果，有针对性地对关键的不确定性要素和高风险要素加以控制，将会有效地化解和规避我国新能源汽车产业风险。具体的风险控制对策和建议包括：充分发挥政府的总协调作用；努力降低产业政策风险；建立合理的风险分担和利益共享机制；提升我国新能源汽车产业核心能力；通过法律和文化等环境建设，优化我国新能源汽车产业软环境。

新能源汽车产业是工业和技术发展的必然，也是社会可持续发展的必然要求，已经引起科技界、产业界、政府等方面的高度关注，研究和实践成果不断涌现，但目前真正能够针对新能源汽车产业特点，并系统地对产业风险开展研究还鲜有涉及。我国新能源汽车产业风险识别和评价问题，目前仍是个崭新的研究领域，尚无成熟理论可以借鉴，本书在我国新能源汽车产业风险识别和评价进行了尝试性研究，取得了一些研究成果，但随着研究深入，逐渐显示出本研究的不足和后续研究方向。首先，关于我国新能源汽车产业风险形成机理的研究尚需完善，外生性机理和内生性机理的分类方式的科学性、二者作用关系等，是今后重点研究的内容之一。其次，由于我国新能源汽车产业统计制度尚未建立，数据可获性差，新能源汽车发展刚刚起步，而且相较于传统汽车产业，国内外新能源汽车产销量都很低，短时序和小体量面板数据所能反映的信息不能够满足运用定量指标进行风险识别与评价，故研究仅运用定性指标进行风险识别与评价，使得结果具有一定的局限性。随着产业发展的进一步深入，以及独立统计数据的不断出现，在数据支持下的更多定量方法运用将会有效提高研究结论的客观性和科学性。再次，产业安全风险也是情景分析中应该重要考虑的维度，但本书在情景分析方法的运用中，为了满足情景数量的限制，将这一维度进行了分解，一定程度上影响了情景分析过程和结果的规范性与严密性，需要通过后续研究弥补上述不足。

参考文献

[1] 朱永亮,潘涛,陈伟华,等.加快河北省新能源产业发展的思考——兼论保定新能源产业发展问题[J].产业与科技论坛,2010(04):45-49.

[2] 甄文媛.减免购置税影响几何?[J].汽车纵横,2014(8):67-71.

[3] 乔治·戴,保罗·休梅克.沃顿论新兴技术管理[M].北京:华夏出版社,2002.

[4] 董书礼.新兴技术商业化与政府作用[J].中国科技论坛,2008(05):32-34.

[5] 林书雄.新兴技术的内涵及其不确定性分析[J].价值工程,2006(09):40-41.

[6] Stevenc B. Insiders´Views on Business Models Used by Small Agricultural Biotechnology Firms: Economic Implications for the Emerging Global Industry[J]. Agbioforum, 2008,11(2):71-81.

[7] 程贵孙,芮明杰.战略性新兴产业理论研究新进展[J].商业经济与管理,2013(08):50-54.

[8] Shen Y C, Chang S H, Lin G T R, et al. A hybrid selection model for emerging technology[J]. Technological Forecasting & Social Change, 2010, 77(1): 151-166.

[9] Pohl N. Industrial revitalization in Japan: the role of the government V. S. the market[J]. Asian Business & Management, 2005, 4(1): 45-65.

[10] Schiefer G. New technologies and their impact on the agri – food sector: an economists view[J]. Computers & Electronics in Agriculture, 2004, 43(2): 163-172.

[11] Forbes D P, Kirsch D A. The study of emerging industries: recognizing and responding to some central problems[J]. Journal of Business Venturing, 2011, 26(05): 589-602.

[12] Dawson P. Beyond conventional change models: a process perspective[J]. Asia Pacific Journal of Human Resources, 1996, 34(34): 57-70.

[13] Virany B, Tushman M L. Top management teams and corporate success in an emerging industry[J]. Journal of Business Venturing, 1986, 01(03): 261-274.

[14] Garud R, Karne P. Bricolage versus breakthrough: distributed and embedded agency

in technology entrepreneurship[J]. Research Policy,2003,32(2): 277-300.

[15] 李欣,黄鲁成,吴菲菲. 面向战略性新兴产业的技术选择模型及应用[J]. 系统管理学报,2012(09):22-27.

[16] Mankins J C. Technology readiness and risk assessments:A new approach[J]. Acta Astronautica,2009,65(9-10):1 208-1 215.

[17] Tixier J,Dussere G,Salvi O,et al. Review of 62 risk analysis methodologies of industrial plants[J]. Journal of Loss Prevention in the Process Industries,2002,15(4):291-303.

[18] Koivisto R,Wessberg N,Eerola A,et al. Integrating future – oriented technology analysis and riskassessment methodologies[J]. Technological Forecasting & Social Change,2009,76:1 163-1 176.

[19] Cannice M V,Chen R,Daniels J D. Managing international technology transfer risk:A case analysis of U. S. high – technology firms in Asia[J]. Journal of High Technology Management Research,2003,14(2):171-187.

[20] Hom A G, Plaza R M, Feijóo S F, et al. From precautionary inadequacy to participatory risk management[J]. Futures,2009,41(5):260-268.

[21] Su Y S,Hung L C. Spontaneous vs. policy – driven:The origin and evolution of the biotechnology cluster[J]. Technological Forecasting and Social Change,2009,76(5):608-619.

[22] Li Y T,Huang M H,Chen D Z. Positioning and shifting of technology focus for integrated device manufacturers by patent perspectives [J]. Technological Forecasting & Social Change,In Press,2014,81(1):. 363-375.

[23] Lee C,Cho Y,Seol H,et al. A stochastic patent citation analysis approach to assessing future technological impacts[J]. Technological Forecasting and Social Change,2012,79(1):16-29.

[24] Klein J H,Cork R B. An approach to technical risk assessment1[J]. International Journal of Project Management,1998,16(6):345-351.

[25] Lee C,Jeon J,Park Y. Monitoring trends of technological changes based on the dynamic patent lattice: A modified formal concept analysis approach [J]. Technological Forecasting and Social Change,2001,78(4):690-702.

[26] Markmann C,Darkow I L,Gracht H V D. A Delphi – based risk analysis – Identifying and assessing future challenges for supply chain security in a multi – stakeholder environment[J]. Technological Forecasting & Social Change,2012,80(9):1 815-1 833.

[27] Guikema S. A proposal for including technical failure risk in market – based resource reallocation for spacecraft design[J]. Reliability Engineering & System Safety,2007,92(5):653-659.

[28] Chen H,Wakeland W,Yu J. A two – stage technology foresight model with system dynamics simulation and its application in the Chinese ICT industry[J]. Technological Forecasting & Social Change,2012,79(7):1 254-1 267.

[29] Goedecke M,Jherdthianwong S,Gneewala S H. Life cycle cost analysis of alternative vehicles and fuels in Thailand[J]. Energy Policy,2007,35(6):3 236-3 246.

[30] Yeh S. An empirical analysis on the adoption of alternative fuel vehicles: The case of natural gas vehicles[J]. Energy Policy,2007,35(11):5 865-5 875.

[31] Shiau C S N, Michalek J J, Hendrickson C T. A structural analysis of vehicle design responses to Corporate Average Fuel Economy policy[J]. Transportation Research Part A: Policy & Practice,2009,43(9):814-828.

[32] Liu Y,Helfand G E. A hedonic test of the effects of the Alternative Motor Fuels Act[J]. Transportation Research Part A: Policy & Practice, 2012, 46(10): 1 707-1 715.

[33] Kim J E. Energy security and climate change: How oil endowment influences alternative vehicle innovation[J]. Energy Policy,2014,66(1):400-410.

[34] Orear E G,Sarica K,Tyner W E. Analysis of impacts of alternative policies aimed at increasing US energy independence and reducing GHG emissions[J]. Transport Policy,2015,37(1):121-133.

[35] Ogden J M, Steinbugler M M, Kreutz T G. Analysis of impacts of alternative policies aimed at increasing US energy independence and A comparison of hydrogen,methanol and gasoline as fuels for fuel cell vehicles: implications for vehicle design and infrastructure development[J]. Journal of Power Sources, 1999,79(2):143-168.

[36] Thomas C E. Fuel cell and battery electric vehicles compared[J]. International Journal of Hydrogen Energy,2009,34(15):6 005-6 020.

[37] Hwang J J,Wei R C. Characteristic study on fuel cell/battery hybrid power system on a light electric vehicle[J]. Journal of Power Sources, 2012, 207(207): 111-119.

[38] Kuby M,Araz O M,Capar I,et al. An efficient online mapping tool for finding the shortest feasible path for alternative – fuel vehicles[J]. International Journal of Hydrogen Energy,2014,39(32):18 433-18 439.

[39] Ahn J, Jeong G, Kim. A forecast of household ownership and use of alternative fuel vehicles: A multiple discrete - continuous choice approach [J]. Energy Economics, 2008, 30(5): 2 091-2 104.

[40] Orbach Y, Fruchter G E. Forecasting sales and product evolution: The case of the hybrid/electric car[J]. Technological Forecasting and Social Change, 2011, 78 (7): 1 210-1 226.

[41] Warth J, Gracht H A V D, Darkow I L. A dissent - based approach for multi - stakeholder scenario development - The future of electric drive vehicles[J]. Technological Forecasting and Social Change, 2012, 80(4): 566-583.

[42] Hoen A, koetse M J. A choice experiment on alternative fuel vehicle preferences of private car owners in the Netherlands[J]. Transportation Research Part A: Policy & Practice, 2014, 61(61): 199-215.

[43] Rezvani Z, Jansson J, Bodin J. Advances in consumer electric vehicle adoption research: A review and research agenda. Transportation Research Part D: Transport & Environment, 2015, 34(34): 122-136.

[44] 李伟娜. 新兴产业:现状、问题与对策[J]. 中山大学研究生学刊:社会科学版, 2009(04):111-119.

[45] 高峰,唐家龙. 新兴产业发展规律及启示[J]. 科技进步与对策, 2011(01): 56-58.

[46] 程巍,郎丽. 基于产业生命周期理论的新兴产业的思考[J]. 当代经理人, 2006 (21):1 240-1 241.

[47] 陈玲,谢碧辉. 新兴产业选择倾向研究——以福建省为例[J]. 科技进步与对策, 2011, 28(08):42-46.

[48] 王延伟. 新兴产业动态战略研究[D]. 哈尔滨:哈尔滨工程大学, 2012.

[49] 张峰,杨建君,黄丽宁. 战略性新兴产业研究现状评述:一个新的研究框架[J]. 科技管理研究, 2012(03):76-79.

[50] 牛立超. 战略性新兴产业发展与演进研究[D]. 北京:首都经贸大学, 2011.

[51] 刘嘉宁. 战略性新兴产业与区域产业结构升级耦合机制分析[J]. 求索, 2011 (7):47-49.

[52] 刘志阳,施祖留. 我国战略新兴产业自主创新问题与对策研究[J]. 福建论坛:人文社会科学版, 2010(8):10-16.

[53] 张红梅,楚德江. 发展战略性新兴产业对我国诸多体制的拷问[J]. 前沿, 2011 (19):124-126.

[54] 林学军. 战略性新兴产业的发展与形成模式研究[J]. 中国软科学, 2012(2):

26-28.
[55] 霍国庆. 战略性新兴产业的研究现状与理论问题分析[J]. 山西大学学报:哲学社会科学版,2012(05):55-56.
[56] 余佳. 战略性新兴产业风险分析及预警机制研究[J]. 中国高新技术企业,2012(01):67-71.
[57] 吕永刚. 新增长周期与中国新兴产业成长风险研究[J]. 当代经济管理,2011(05):22-24.
[58] 程晖. 最应注意技术风险——访国务院发展研究中心产业部部长冯飞[N]. 中国经济导报,2010-11-18(T04).
[59] 邹辉霞,杨春杰. 高新技术向战略性新兴产业转化过程中的风险研究[J]. 技术经济,2011(6):55-59.
[60] 曾耀明,史忠良. 中外新能源汽车产业政策对比分析[J]. 企业经济,2011(02):107-109.
[61] 陈柳钦. 我国新能源汽车产业发展面临的问题[J]. 汽车工业研究,2011(06):78-80.
[62] 李茜. 日本下一代汽车发展战略及其启示[J]. 综合运输,2010(10):79-83.
[63] 刘志伟. 日本、美国、欧盟新能源汽车产业政府扶持措施研究[J]河北大学学报,2010(05):20-23.
[64] 马春梅. 从国外的经验看我国新能源汽车的产业化发展[J]. 学术交流,2011(12):89-91.
[65] 刘兰剑,宋发苗. 国内外新能源汽车技术创新政策梳理与评价[J]. 科学管理研究,2013(02):66-70.
[66] 康凯,王军雷,杨凯. 中国汽车产业分区域现状及未来发展[J]. 汽车工业研究,2014(02):55-60.
[67] 曾耀明,史忠良. 中外新能源汽车产业政策对比分析[J]. 企业经济,2011(02):107-109.
[68] 王璐,齐宇. 国外新能源汽车产业激励政策研究进展[C]. 中国环境科学学会学术年会,2014.
[69] 李维臻,鲜晓花. 发达国家新能源汽车产业政策对我国的启示[J]. 兰州交通大学学报,2014(4):62-63.
[70] 胡冬雪,胡志根. 基于市场德尔菲法的新能源汽车领域技术预见实证研究[J]. 世界科学,2009(8):44-46.
[71] 阮娴静. 新能源汽车技术经济综合评价及其发展策略研究[D]. 武汉:武汉理工大学,2010.

[72] 任海英,程善宝,黄鲁成.区域新兴技术产业化的系统动力学研究———以新能源汽车产业为例[J].科技进步与对策,2011(7):39-42.
[73] 陈文波.我国新能源汽车的关键技术与发展瓶颈[J].交通标准化,2011(10):172-174.
[74] 王宇宁,张海波,刘东升,等.基于技术成熟度分析的我国汽车电子发展策略[J].武汉理工大学学报:信息与管理工程版,2012(6):336-339.
[75] 孙冰,袭希,余浩.网络关系视角下技术生态位态势研究——基于东北三省新能源汽车产业的实证分析[J].科学学研究,2013(04):79-80.
[76] 马钧,王宁,孔德洋.基于AHP及Logit回归的新能源汽车市场预测模型[J].同济大学学报:自然科学版,2009(8):1 079-10 83.
[77] 王世进.新能源汽车推广商业模式研究[J].经济体制改革,2013(03):101-103.
[78] 蔡建林,周梅华,张红红.低碳创新产品消费者采用意愿影响因素实证研究——以 新能源汽车为例[J].消费经济,2012(06):23-26.
[79] 薛玉洁.分析新能源汽车消费市场前景[J].企业导报,2013(11):75-76.
[80] 陈玲,张剑,何海燕,等.发达各国(地区)新能源汽车运行管理模式与特点[J].北京工业大学学报:社会科学版,2013(8):16-21.
[81] 李小楠,罗思齐,朱良,等.消费者选择电动车的影响因素[J].汽车与配件,2012(02):29-31.
[82] 沈玲.新能源汽车市场环境分析及目标客户营销策略[J].上海汽车,2013(05):6-10.
[83] 石红波,邹维娜,许玉平.基于绿色技术的新能源汽车市场调查研究:以威海为例[J].科技管理研究,2014(8):227-232.
[84] 甘韵雯.我国新能源汽车产业竞争力分析及对策研究[J].企业导报,2011(16):101-102.
[85] 袁华智,蹇小平,袁华剑.我国新能源汽车产业竞争力研究[J].科技管理研究,2012(17):36-41.
[86] 李薇薇.我国新能源汽车的绿色知识产权战略研究[D].武汉:华中科技大学,2012.
[87] 齐结斌.我国新能源汽车产业的竞争力研究[J].科技与经济,2013(6):106-110.
[88] 林智奋,胡日东.我国新能源汽车产业竞争力分析及对策建议[J].产业经济,2013(01):120-122.
[89] 时间.中国新能源汽车产业国际竞争力评价研究[J].汽车工业研究,2014

(1):35-40.

[90] 薛震.新能源汽车产业化过程中的风险及其规避[J].商业时代,2009(14):113-114.

[91] 罗党,张敬.河南新能源汽车项目风险评价[J].华北水利水电学院学报:社科版,2010(02):90-92.

[92] 崔静思.新能源汽车:寻觅应对专利风险的多元途径[N].中国知识产权报,2011-8-12(001).

[93] 第六届中国智能交通年会暨第七届国际节能与新能源汽车创新发展论坛学术委员会.第六届中国智能交通年会暨第七届国际节能与新能源汽车创新发展优秀论坛论文集(下册)[C],2011.

[94] 郭莹,刘新磊,王志强.山东省新能源汽车项目风险评价[J].山东交通学院学报,2013(3):10-16.

[95] 韩卫群,尹向阳.新能源汽车租赁运营模式及风险研究[J].武汉理工大学学报:交通科学与工程版,2014(02):147-156.

[96] 刘浩华,程杨.中国新能源汽车需求风险关键因素研究[J].科技管理研究,2014(19):217-223.

[97] 贾俊超.基于 GM(1,1)模型的中国能源消费预测研究[J].科技向导,2014(26):177-178.

[98] 贾立江.我国低碳经济发展系统研究[D].哈尔滨:哈尔滨工程大学,2012.

[99] 徐步然.灰色 GM(1,1)模型在能源消费预测中的应用[J].重庆理工大学学报:自然科学,2014(9):130-133.

[100] 郝瀚,王贺武,欧阳明高.中国乘用车与商用车保有量预测[J].清华大学学报:自然科学版,2011(6):868-872.

[101] 赵红梅.基于 Gompertz 曲线模型之上的中国千人汽车保有量中长期预测[J].工业技术经济,2012(7):7-10.

[102] 古继宝,亓芳芳,吴剑琳.基于 Gompertz 模型的中国民用汽车保有量预测[J].技术经济,2010(1):57-59.

[103] 刘伟,苏剑.良性与恶性“通缩”冲击下的中国经济增长和宏观调控——对近期中国经济趋势的考察[J].经济学动态,2014(12):3-9.

[104] 刘世锦.经济拐点将至[J].中国经济和信息化,2013(4):20-23.

[105] 林毅夫,潘卫艳.中国经济仍具备增长潜力[J].中国房地产业,2015(2):56-59.

[106] 肖宏伟,李辉.中国经济潜在增长率测算及预测研究[J].海南金融,2014(11):65-67.

[107] 杜平,祝宝良,牛犁. 2014 年中国经济预测和宏观调控政策取向[J]. 财经界,2014(1):88-92.
[108] 孙明哲. 使用六普数据对中国未来人口规模趋势的预测——兼论未来 50 年中国人口规模衰减的程度[J]. 北京社会科学,2014(05):21-27.
[109] 虞力,杨林涛. 基于双线性模型的中国人口发展预测[J]. 统计与决策,2014(12):23-26.
[110] 阎慧臻. Gompertz 模型在人口增长预测问题中的应用[J]. 大连工业大学学报,2015(03):67-69.
[111] 马宁. 触底? 反弹? —节能与新能源汽车产业发展规划周岁报告[J]. 品质汽车,2013(12):31-34.
[112] 林婧. 国外新能源汽车产业政策比较[J]. 新产经,2012(06): 15-20.
[113] 曾庆新. 我国新能源汽车发展探讨[J]. 上海汽车,2010(12): 57-60.
[114] 陈柳钦. 我国新能源汽车产业发展面临的问题[J]. 汽车工业研究,2011(06): 25-29.
[115] 李健. 新能源汽车仅靠政府高额补助难"救市"[N]. 中国经济时报,2014-10-13(10).
[116] 姚占辉. 我国新能源汽车市场化困境分析及对策[J]. 汽车工业研究,2010(12):2-6.
[117] 惠婧,李铁立. 新能源汽车产业发展的价格政策分析[J]. 市场经济与价格,2010(09): 33-36.
[118] 姚占辉. 我国新能源汽车市场化困境分析及对策[J]. 汽车工业研究,2010(12): 45-48.
[119] 中国电子信息产业发展研究院,赛迪顾问股份有限公司. 中国战略性新兴产业发展及应用实践[M]. 北京:机械工业出版社,2012.
[120] 周新生. 经济全球化下发展中国家的战略选择[J]. 生产力研究,2004(07):105-106.
[121] 汪忠,黄瑞华. 国外风险管理研究的理论、方法及其进展[J]. 外国经济与管理,2005(02):78-80.
[122] 曾佑新. 物联网产业风险管理的实施——以无锡市物联网产业为例[J]. 现代商业,2012(08):101-102.
[123] 张立,王学人. 我国产业对外开放中的风险与控制[J]. 人文杂志,2002(09):31-33.
[124] 周雄飞. 产业集群风险的形成机理及控制研究[J]. 经济经纬,2008(05):31-33.

[125] 聂振飞. 产业集群风险形成机理研究[J]. 中国商界(下半月),2009(09):222-223.

[126] 黄河. 产业集群风险研究综述与形成机理分析[J]. 商业时代,2010(06):127-128.

[127] 程蓉,张剑光. 关于汽车产业集群风险的研究[J]. 汽车工业研究,2007(07):12-14.

[128] 梁展凡,袁泽沛. 基于复杂系统理论的项目群互动风险及机理研究[J]. 经济问题,2010(10):62-64.

[129] 王卫东. 产业集群的网络组织结构与风险研究综述[J]. 工业技术经济,2010(03): 88-89.

[130] 熊鸿儒,王毅,林敏,等. 技术轨道研究:述评与展望[J]. 科学学与科学技术管理,2012(07):21-26.

[131] 高素英,王竞,金浩. 我国经济波动周期的测算与检验[J]. 南开学报,2004(05):66-68.

[132] 吕永刚. 新增长周期与中国新兴产业成长风险研究[J]. 当代经济管理,2011(05):99-101.

[133] 张灼,张勇. 信息系统安全与风险管理之我见[J]. 信息技术与信息化,2009(06):38-40.

[134] 崔晨旭. 水电基础施工企业成长阶段面临的风险及其控制分析[J]. 现代经济信息,2014(10):103-106.

[135] 陈芳,张孔峰. 用风险管理思想整合管理体系[J]. 中国质量,2010(08):56-57.

[136] 牟芩瑶,张所地. 半导体照明上游产业技术风险的量化[J]. 科技管理研究,2010(09):121-123.

[137] 张峰,杨建君,黄丽宁. 战略性新兴产业研究现状评述:一个新的研究框架[J]. 科技管理研究,2012(03):40-44.

[138] 张立超,房俊民,唐钦能. 产业竞争情报预警工作中的风险识别研究——以我国光伏发电产业为例[J]. 情报理论与实践,2011,34(10):52-55.

[139] 钟敏,曾省晖,肖敏慧. 中国钨产业动态监测指标的构建及风险预警——基于改进 AHP 法的分析[J]. 金融与经济,2010(12):121-124.

[140] 马一博. 知识密集型新创企业成长风险预警系统研究[D]. 哈尔滨:哈尔滨工程大学,2013.

[141] 中国工程科技发展战略研究院. 2013 中国战略性新兴产业发展报告[M]. 北京:科学出版社,2013.

[142] 周建华,王素君. 农业产业化过程中的技术风险分析[J]. 农村财政与财务,2003(08):31-33.

[143] 陈柳钦. 我国新能源汽车产业发展面临的问题[J]. 汽车工业研究,2011(06):24-28.

[144] 曾庆新. 我国新能源汽车发展探讨[J]. 上海汽车,2010(12):57-58.

[145] 王世进. 新能源汽车推广商业模式研究[J]. 经济体制改革,2013(05):21-22.

[146] 薛震. 新能源汽车产业化过程中的风险及其规避[J]. 商业时代,2009(05):90-95.

[147] 刘殿兰. 提升我国区域汽车产业集群竞争力的对策研究——基于 AHP 模型的广州汽车产业集群竞争力研究[J]. 科技管理研究,2013(06):68-69.

[148] 寇运国. 新能源汽车产业化风险研究[J]. 新西部(理论版),2012(09):89-90.

[149] 陈伟. 本轮经济周期[J]. 宏观经济管理,2009(03):77-79.

[150] 李世讴. 教育硕士课程体系构建研究[D]. 重庆:西南大学,2010,(04):123-125.

[151] 李桂红. 思想政治工作中应用个性心理学的思考[J]. 现代营销(学苑版),2012(04):20-21.

[152] 岳珍,赖茂生. 国外"情景分析"方法的进展[J]. 情报杂志,2006(07):67-69.

[153] 娄伟. 情景分析理论研究[J]. 未来与发展,2013(08):34-36.

[154] 宋艳,银路,史忠国. 动态战略规划的情景分析法及其给中国企业的思考[J]. 科技管理研究,2008(10):65-66.

[155] 张文平. 基于情景分析的中国有色金属产业碳排放问题研究[J]. 北方工业大学学报,2012(05):56-59.

[156] 张斌. 2020 年我国能源电力消费及碳排放强度情景分析[J]. 中国能源,2009(03): 43-44.

[157] 刘小敏,付加锋. 基于 CGE 模型的 2020 年中国碳排放强度目标分析[J]. 资源科学,2011,33(04):634-639.

[158] 朱凯. 美国低气价时代页岩气开发趋势分析[J]. 国际石油经济,2012(06):50-54.

[159] 孔红杰,李国庭,李梅广. 铁矿石资源产业的未来发展[J]. 山东冶金,2012,34(4):6-9.

[160] 田金平,陈吕军,杜鹏飞,等. 基于情景分析的浙江沿海地区环境污染防治战

略研究[J].环境科学,2013,34(01):336-346.
[161] 金惠群.我国卷烟产业发展趋势及其未来情景分析[J].技术经济与管理研究,2003(10):21-25.
[162] 饶伟,瞿源景,王鹏.基于情景分析的项目风险识别方法研究[J].理论观察,2012(5):43-44.
[163] Markmannet C. A Delphi - based risk analysis - Identifying and assessing future challenges for supply chain security in a multi - stakeholder environment[J]. Technological Forecasting and Social Change,2013,9(180):1 815-1 833.
[164] 宁钟,王雅青.基于情景分析的供应链风险识别—某全球性公司案例分析[J].工业工程与管理,2007(2):88-94.
[165] 姜凯耀,杨琼.集群式供应链系统的风险识别研究[J].物流科技,2009(04):68-71.
[166] Warth J. A dissent - based approach for multi - stakeholder scenario Development - The future of electric drive vehicles[J]. Technological Forecasting & Social Change,2012,80(4):566 - 583.
[167] 黄鲁成,顾成建.电动汽车产业的未来[J].中国科技论坛,2008(12):39-43.
[168] 庄幸,姜克隽.我国纯电动汽车发展路线图的研究汽车工程[J].汽车工业研究,2012(02):56-59.
[169] Hom A G, Plaza R M, Feijóo S F, et al. From precautionary inadequacy to participatory risk management[J]. Futures,2009,41(5):260-268.
[170] 张学才,郭瑞雪.情景分析方法综述[J].理论月刊,2005(08):45-46.
[171] 彼得德鲁克.大变革时代的管理[M].上海:上海译文出版社,1999.
[172] 孙知明.情景分析的战略贡献[J].企业研究,2002(02):10-13.
[173] 杜栋.现代综合评价方法与案例精选[M].北京:清华大学出版社,2008.
[174] 苏源,李林贵,郭颖.模糊综合评价法在医疗服务系统中的应用[J].科技管理研究,2011(04):44-45.
[175] 付哲,周云轩,刘殿伟,等.生态环境质量的空间模糊综合评价研究—以吉林省西部为例[J].干旱区资源与环境,2005(09):78-80.
[176] 张建沛.前常铜铁矿采矿方法优化选择[J].甘肃冶金,2012(02):43-47.
[177] 郭峰,李德成,赵湘莲.企业自主创新能力模糊综合评价[J].统计与决策,2007(02):88-92.
[178] 喻杰,文彤.基于群组决策特征根法的常规公交服务水平评价[J].湖南城市学院学报:自然科学版,2012(3):39-42.
[179] 陈伟,康鑫,冯志军,田世海.基于群组决策特征根法的高技术企业知识产权

开发评价指标识别[J].科技进步与对策,2011(06):116-119.

[180] 于大勇.新能源汽车市场化进程正在加速[N].中国高新技术产业导报,2013-11-4(11).

[181] 胡登峰,王丽萍.论我国新能源汽车产业创新体系建设[J].软科学,2010(02):22-25.

[182] 时杰.如何化解七大风险—国有企业培育和发展战略性新兴产业的战术选择[J].现代国企研究,2012(1):14-19.

[183] 中国汽车技术研究中心,等.中国新能源汽车产业发展报告(2013)[M].北京:社会科学文献出版社,2013.

[184] 中国汽车技术研究中心,等.中国新能源汽车产业发展报告(2014)[M].北京:社会科学文献出版社,2014.